個別最適な学びと協働的な学び

奈須正裕

東洋館出版社

はじめに

山形県天童市立天童中部小学校を舞台に、個別最適な学びと協働的な学びの一体的な充実について考える。これが、本書の基本的なモチーフです。特定の学校を「舞台」にするということの意味をご理解いただくためにも、まずは本書の構成についてご説明しましょう。

第一章では、個別最適な学びと協働的な学びの実現という考え方を打ち出した、中央教育審議会答申「『令和の日本型学校教育』の構築を目指して」について簡単に解説しました。

第二章では、天童中部小の取組に即して、個別最適な学びと協働的な学びの一体的な充実が一校のカリキュラムの中で、たとえばどのように実現可能なのかを、具体的な授業の景色や子どもの姿を通して検討します。そこから見えてきたのは、天童中部小が一貫して大切してきた、子どもと内容に関する深い「理解」と、教師の敷いたレールに乗せるのではなく、子どもたちの学びの文脈に沿って授業を展開する「覚悟」の重要性でした。

第三章から第七章では、この「理解」と「覚悟」を巡って、子どもが自立的に学び進める学習の基盤となる子ども観の問い直しと、実践創造の原理としての自己決定的学習、環境による教育、さらに新たな道具立てであるＩＣＴの可能性について、引き続き天童中部小の子どもの事実に依拠しつつ、さらに教育学や心理学の知見も参照しながら考えます。

最終の第八章では、今後に求められる教師の専門性について、天童中部小の研究に関わってきたベテラン教師三名の実践提案と討論、さらに天童中部小の若手教師たちへのインタビューを手がかりに検討しました。

このように、本書は一つの学校を「舞台」に書かれましたが、もちろん、そこでの議論は高い汎用性をもちます。具体的だからこそ活用が利く。本書のねらいはそこにあります。

天童市との出合いは二〇年ほど前、私が研究のお手伝いをしていた山形市立第四小学校の校長であった酒井順一先生がご勇退後、地元である天童市の教育長に就任され、同市の教育にも力を貸すようにとのご指示をいただいたのがきっかけです。その時の担当指導主事が、現在の天童中部小学校の校長であり、研究をリードしてきた大谷敦司先生でした。

大谷先生と相談しながら、天童市立高擶《たかだま》小学校を皮切りに、市内の学校の活性化に微力を尽くしたのですが、その中で、当時一緒に実践研究を進めていた横浜市立大岡小学校の研究主任であった齊藤一弥先生（現・島根県立大学教授）にもお願いし、天童に何度となく足を運んでいただきました。齊藤先生は、そのご縁で今回の天童中部小の実践研究にも深く関わり、第八章でも実践提案をしてくれています。もう一人、実践提案を寄せてくれた山形市立鈴川小学校教諭の佐藤卓生先生は、大谷先生の山形大学附属小学校時代の同僚であり、私にとっても、さまざまな機会にともに研究に取り組んできた仲間の一人です。

また、本書には直接登場していませんが、東京学芸大学講師の佐野亮子先生には、個別最適な学びの単元構成や教材開発、学習環境整備について丁寧なご指導を賜りました。

さらに、本書の編集を担当した東洋館出版社の河合麻衣さんも三回にわたって天童を訪れ、子どもたちの学習を参観し、授業研究会に参加し、企画の立案や記録の作成に汗を流してくれました。まさに、本書は天童中部小を「舞台」として生まれたのです。

個別最適な学びと協働的な学びの一体的な充実を、単なる形態論や手法の水準でのみ理解し、実践するのは誤りであり、危険ですらあります。「子どもたちは、最終的には教師がいないところで自分たちだけで学び合い、問題を解決していくことになる。授業は、そこに向けて現時点で教師が支援できることを行っている」と天童中部小では考えます。やはり最後は、子どもや授業をどのようにとらえ、教師は何をするのか、このことを深く考える必要があるのです。本書が、少しでもそのお役に立つことを祈念しています。

二〇二一年一二月　奈須正裕

目次

第5章

子どもは一人ひとり違っている

第8章

教師の専門性を問い直す

章扉 写真・文：山形県天童市立天童中部小学校ＨＰ「いちょうだより」（二〇二一年度）より

新学期。みんなと一緒に本気で遊ぶことでしか学べないことがたくさんあります

第１章

令和の日本型学校教育

成果を継承し未来を展望する

学習指導要領の着実な実施に向けての条件整備

本書のテーマである個別最適な学びと協働的な学びの一体的な充実は、中央教育審議会が二〇二一年一月二六日に公表した「『令和の日本型学校教育』の構築を目指して～全ての子供たちの可能性を引き出す、個別最適な学びと、協働的な学びの実現～（答申）」（以下「答申」と略）の中で提起したものです。

「答申」は冒頭において「社会の変化が加速度を増し、複雑で予測困難となってきている中、子供たちの資質・能力を確実に育成する必要があり、そのためには、新学習指導要領の着実な実施が重要である」（一頁）としています。今回の「答申」は、二〇一七年版学習指導要領（平成二九・三〇・三一年改訂）とは異なる新たな方針の提起ではありません。

この点について、当時、教育課程課長として学習指導要領の改訂作業を指揮した合田哲雄氏は、「二〇一七年改訂をより効果的に実施するためには学校や教育行政のあり方の構造的な見直しが必要だと痛感しました。だからこそ二〇一九年四月に柴山前大臣に今回の議論に向けた諮問をいただくようお願いしたわけです」と説明しています。[1] その上で、学習指導要領が目指す「学びの転換と働き方改革を両立させるためには、小学校高学年の教科担任制をはじめ教員配置や教員免許制度などを真正面から見直さなくてはなりません」と語っています。働き方改革については、二〇一九年一月二五日に中央教育審議会の答申（「新しい時代の教育に向けた持続可能な学校指導・運営体制の構築のための学校における働き方改革に関する総合的な方策について（答申）」）が出ていますが、さらに学習指導要領の実施との関連において、さまざまな条件整備や道具立ての補強が不可欠だったのです。

加えて、学習指導要領の改訂作業の途上で、新たに浮上してきた課題もありました。その最大のものは「人工知能（ＡＩ）、ビッグデータ、Internet of Things（ＩｏＴ）、ロボティクス等の先端技術が高度化してあらゆる産業や社会生活に取り入れられたSociety5.0時代が到来しつつあり、社会の在り方そのものがこれまでとは『非連続』と言えるほど劇的に変わる状況が生じつつある」（「答申」三頁）ことでしょう。実際、小学校で必修化されたプログラミング学習も学習指導要領改訂の当初のメニューにはなく、途中から検討課題として入ってきたものです。ＡＩを「エーアイ」ではなく「アイ」と読むといった笑い話のようなことも、一〇年前ならごく普通に起きていたに違いありません。

この急激な状況の変化を受けてＧＩＧＡスクール構想が推進され、経済産業省は「学びの個別最適化」を含む「未来の教室」ビジョンを打ち出しました。さらに、ＳＴＥＡＭやSDGsへの関心も、各方面でいよいよ高まりを見せています。学習指導要領の着実な実施に向けてこれらをどのように位置づけ、条件整備を進めていくかが課題となっていたのです。

「日本型学校教育」とその課題

「令和の日本型学校教育」という独特な表現は、従来からの「日本型学校教育」の成果や強みを確認するとともに、時代の要請に即した必要な改革を進めることで、これをブラッシュアップするという考え方から生まれました。

「日本型学校教育」の成果や強みについて「答申」は「学校が学習指導のみならず、生徒指導等の面でも主要な役割を担い、様々な場面を通じて、子供たちの状況を総合的に把握して教師が指導を行うことで、子供たちの知・徳・体を一体で育む『日本型学校教育』は、全ての子供たちに一定水準の教育を保障する平等性の面、全人教育という面などについて諸外国から高く評価されている」（五頁）としています。また、「例えば、ＯＥＣＤによる我が国の教育政策レビューによれば、国際的に比較して、日本の児童生徒及び成人は、ＯＥＣＤ各国の中でもトップクラスの成績であり、日本の教育が成功を収めている要素として、子供たちに対し、学校給食や課外活動などの広範囲にわたる全人的な教育を提供している点が指摘されている」（五－六頁）とも述べています。

たしかに、海外の教育関係者が日本の小学校を訪問した際に一番感心するのは、一年生の子どもたちが助け合いながら給食の配膳を整然と行っている場面だったりします。私たちからすれば、適切な指導の段階的な実施により十分に可能なことなのですが、彼らは「ワンダフル」「ミラクル」と評し、とても自分たちの国ではできそうにないというのです。

さらに、新型コロナウイルスの感染拡大に伴う学校の長期休業を通して「学校は学習機会と学力を保障するという役割のみならず、全人的な発達・成長を保障する役割や、人と安全・安心につながることができる居場所・セーフティネットとして身体的、精神的な健康を保障するという福祉的な役割をも担っていることが再認識された。特に、全人格的な発達・成長の保障、居場所・セーフティネットとしての福祉的な役割は、日本型学校教育の強みであることに留意する必要がある」（七頁）としてもいます。

このような成果や強みをもつ「日本型学校教育」ですが、社会構造の変化に伴い、数々の課題の存在も明らかになってきました。

「答申」はまず、「我が国の教師は、子供たちの主体的な学びや、学級やグループの中での協働的な学びを展開することによって、自立した個人の育成に尽力してきた。その一方で、我が国の経済発展を支えるために、『みんなと同じことができる』『言われたことを言われたとおりにできる』上質で均質な労働者の育成が高度経済成長期までの社会の要請として学校教育に求められてきた中で、『正解（知識）の暗記』の比重が大きくなり、『自ら課題を見つけ、それを解決する力』を育成するため、他者と協働し、自ら考え抜く学びが十分なされていないのではないかという指摘もある」ことを挙げています（八頁）。

また、コロナショックに伴う「学校の臨時休業中、子供たちは、学校や教師からの指示・発信がないと、『何をして良いか分からず』学びを止めてしまうという実態が見られたことから、これまでの学校教育では、自立した学習者を十分育てられていなかったのではないかという指摘もある」（一三頁）としています。

さらに、先に述べた「情報化が加速度的に進むSociety5.0時代において求められる力の育成に関する課題」（一二頁）も指摘されていて、ＧＩＧＡスクール構想により「令和時代における学校の『スタンダード』」（一五頁）として整備された一人一台端末や高速大容量のネットワーク環境の効果的な活用とその日常化が強く望まれてもいました。

個別最適な学びと協働的な学びの一体的な充実

このような現状を踏まえ、「答申」は一七－一八頁において、個別最適な学びの拡充により「日本型学校教育」のブラッシュアップが可能であると訴えます。

新型コロナウイルス感染症の感染拡大による臨時休業の長期化により、多様な子供一人一人が自立した学習者として学び続けていけるようになっているか、という点が改めて焦点化されたところであり、これからの学校教育においては、子供がＩＣＴも活用しながら自ら学習を調整しながら学んでいくことができるよう、「個に応じた指導」を充実することが必要である。この「個に応じた指導」の在り方を、より具体的に示すと以下のとおりである。

全ての子供に基礎的・基本的な知識・技能を確実に習得させ、思考力・判断力・表現力等や、自ら学習を調整しながら粘り強く学習に取り組む態度等を育成するためには、教師が支援の必要な子供により重点的な指導を行うことなどで効果的な指導を実現することや、子供一人一人の特性や学習進度、学習到達度等に応じ、指導方法・教材や学習時間等の柔軟な提供・設定を行うことなどの「指導の個別化」が必要である。

基礎的・基本的な知識・技能等や、言語能力、情報活用能力、問題発見・解決能力等の学習の基盤となる資質・能力等を土台として、幼児期からの様々な場を通じての体験活動から得た子供の興味・関心・キャリア形成の方向性等に応じ、探究において課題の設定、情報の収集、整理・分析、まとめ・表現を行う等、教師が子供一人一人に応じた学習活動や学習課題に取り組む機会を提供することで、子供自身が学習が最適となるよう調整する「学習の個性化」も必要である。

以上の「指導の個別化」と「学習の個性化」を教師視点から整理した概念が「個に応じた指導」であり、この「個に応じた指導」を学習者視点から整理した概念が「個別最適な学び」である。

ここで明快に述べられているとおり、「指導の個別化」と「学習の個性化」の二つからなる「個に応じた指導」を、学習者視点から整理したものが「個別最適な学び」にほかなりません。
もう一方の協働的な学びについては、これに続く箇所（一八頁）で次のように言及されています。

さらに、「個別最適な学び」が「孤立した学び」に陥らないよう、これまでも「日本型学校教育」において重視されてきた、探究的な学習や体験活動などを通じ、子供同士で、あるいは地域の方々をはじめ多様な他者と協働しながら、あらゆる他者を価値のある存在として尊重し、様々な社会的な変化を乗り越え、持続可能な社会の創り手となることができるよう、必要な資質・能力を育成する「協働的な学び」を充実することも重要である。

「協働的な学び」においては、集団の中で個が埋没してしまうことがないよう、「主体的・対話的で深い学び」の実現に向けた授業改善につなげ、子供一人一人のよい点や可能性を生かすことで、異なる考え方が組み合わさり、よりよい学びを生み出していくようにすることが大切である。

そして、個別最適な学びと協働的な学びの関係性については「各学校においては、教科等の特質に応じ、地域・学校や児童生徒の実情を踏まえながら、授業の中で『個別最適な学び』の成果を『協働的な学び』に生かし、更にその成果を『個別最適な学び』に還元するなど、『個別最適な学び』と『協働的な学び』を一体的に充実し、『主体的・対話的で深い学び』の実現に向けた授業改善につなげていくことが必要である」（一九頁）と整理し、これを受けて「目指すべき『令和の日本型学校教育』の姿を『全ての子供たちの可能性を引き出す、個別最適な学びと、協働的な学びの実現』とする」（一九頁）と結論づけているのです。

では、個別最適な学びと協働的な学びの一体的な充実とは、一校のカリキュラムの中で、たとえばどのような姿として実現可能なのでしょうか。第二章では、山形県天童市立天童中部小学校の取組を例に考えてみたいと思います。

(1) 合田哲雄・奈須正裕・住田昌治・森万喜子・妹尾昌俊「新春座談会　2021年、学校教育の論点」『教職研修』二〇二一年一月号、教育開発研究所、四頁。

ゴールデンウィーク明け。仲間の説明って伝わりやすい［自学・自習］

第2章

子どもが自立的に学び進める学習

自学・自習

子どもたちが進める授業

山形県天童市立天童中部小学校は、山形県天童市の中心部に位置する二九学級、児童数六六七名（令和三年度）の大規模校です。研究構想図【図1】にあるとおり、通常の授業に相当する「仲間と教師で創る授業」に加え、「自学・自習」「マイプラン学習」「フリースタイルプロジェクト」という、子どもたちが自立的に学び進める三種類の学習に取り組んできました。本章ではこれらを紹介しながら、個別最適な学びと協働的な学びの一体的な充実が一校のカリキュラムとして、たとえばどのように実現可能なのかを見ていきたいと思います。

天童中部小が最初に取り組んだのが「自学・自習」でした。【写真1】を見てください。六年生算数科「分数のかけ算」の授業ですが、黒板の前に教師の姿はありません。右側でタブレットを手に立っている女の子が今日の司会役で、左側では二人の子どもが仲間の意見を板書にまとめています。そう、「自学・自習」とは子どもたちが進める授業なのです。天童中

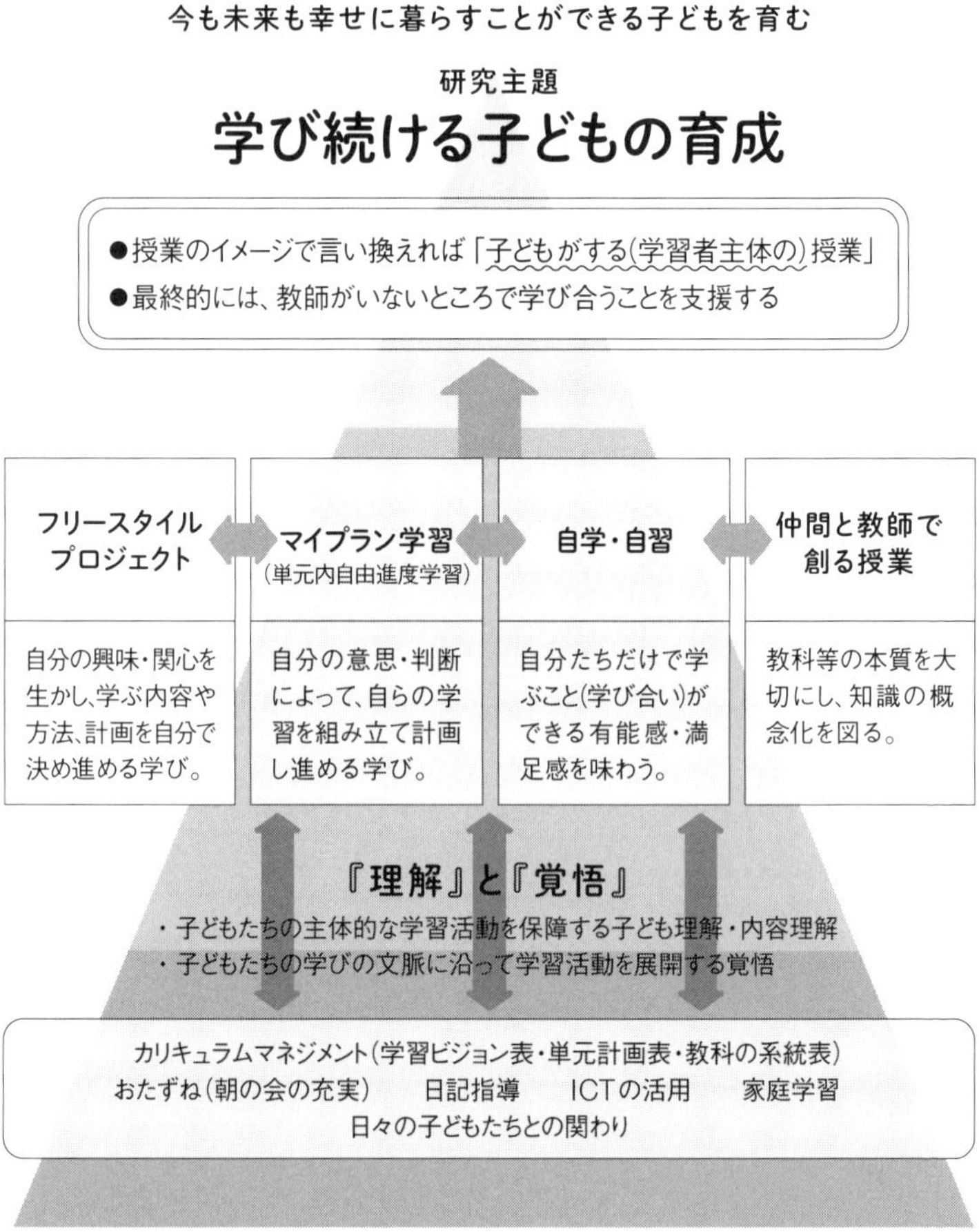
今も未来も幸せに暮らすことができる子どもを育む
研究主題
学び続ける子どもの育成
●授業のイメージで言い換えれば「子どもがする(学習者主体の)授業」
●最終的には、教師がいないところで学び合うことを支援する
フリースタイルプロジェクト
マイプラン学習(単元内自由進度学習)
自学・自習
仲間と教師で創る授業
自分の興味・関心を生かし、学ぶ内容や方法、計画を自分で決め進める学び。
自分の意思・判断によって、自らの学習を組み立て計画し進める学び。
自分たちだけで学ぶこと(学び合い)ができる有能感・満足感を味わう。
教科等の本質を大切にし、知識の概念化を図る。
『理解』と『覚悟』
・子どもたちの主体的な学習活動を保障する子ども理解・内容理解
・子どもたちの学びの文脈に沿って学習活動を展開する覚悟
カリキュラムマネジメント(学習ビジョン表・単元計画表・教科の系統表)
おたずね(朝の会の充実)
日記指導
ICTの活用
家庭学習
日々の子どもたちとの関わり

図1　天童中部小学校の研究構想図

写真1　6年生算数科「分数のかけ算」の「自学・自習」

部小では、川崎市立川崎小学校の取組(1)に学んで「自学・自習」を始めましたが、同様の学習は奈良女子大学附属小学校などでも古くから実践されています。

この日はたまたま研究授業だったので、担任も含め校内の先生方が参観しています［写真2］。子どもたちだけで展開する授業を、先生方が全員で参観し研究対象にしているのです。天童中部小の先生方は、もちろん教師がどう指導するかにも大いに関心がありますが、それ以上に子どもがどのように学び育つのかに関心があり研究を深めてきました。なお、中央で発言する子どもがマイクを持っているのは、この授業をビデオに撮って校内に配信し、教室に入れない先生方がそれぞれの場所で見るためです。コロナショックに伴う研究授業の工夫です。

興味深いのは、教師が前に立つ授業よりもよく手が挙がり、活発な議論がなされることでしょう。当然のことながら教師の発問には意図があり、高学年ともなると、それを子どもはどうしても気にしてしまいます。子ども同士だと、そんな先生に対する忖度《そんたく》や遠慮がありませんから、本音でぶつかり合い白熱した話し合いになりやすいということも、「自学・自習」を授業研究する中で見えてきてました。

社会科や学級活動の「自学・自習」では、白熱し過ぎてけんか腰の物言いになることもよくあります。そんな時は友達がいさめ、どこがどんなふうに言い過ぎであったかを丁寧に諭し、上手に和解を促す働きかけをします。興味深いのは、けんか腰の物言いになったのも、みんなで少しでもよい授業にしたかったからなのだという理解を、クラスの仲間たちがすることでしょう。これにより、つい言い過ぎた子もすぐに話し合いに復帰していきます。この解釈と寄り添い方には、私たち教師も学ぶところが多いように思います。

[写真3] は、四年生算数科「小数のわり算」の授業の終盤の様子ですが、慣れてくると、子どもたちだけでこのくらいの板書はできるようになります。小数を整数化して計算するのに際し、数を100倍する子と10倍する子がいたのですが、そのいずれでもよい理由が、この時間の話し合いにおける中心的な話題でした。そこでの白熱した議論を受けて、先生役の三人の子どもたちは「わり算の性質がとても大切です」とまとめています。

写真2　本音でぶつかり合い、ともに学び深めていく子どもたち

写真3　子どもだけでもこのくらいの板書はできる

先の六年生のように、担任も教室にいる状況で「自学・自習」が展開される場合もありますが、本領を発揮するのは、教師が出張や他のクラスの研究授業などで教室を留守にする時です。この授業も、研究授業の裏番組として行われていました。「7.56÷6.3の筆算のしかたを考えよう」という板書だけが少し文字の様子が違うのは、授業の前に担任が書いたものだからです。天童中部小では、教師が教室を留守にしたからといってドリルやプリントでの自習にはしません。担任がいなければ、子どもたちが「自学・自習」で授業を進めます。先生たちも安心して他のクラスの研究授業の参観や出張に出ることができます。

板書の右下にある「終わった人からノートに書いて写真をとって、てい出してください」というのは適用題の指示で、GIGAスクール構想で導入されたタブレットで写真を撮り、授業支援クラウドであるロイロノートを介して提出する仕組みになっているのです。子どもたちが授業支援クラウドに学習成果を提出すれば、担任はそれこそ遠くに出張していても、瞬時にして子どもたちの学びの様子を知ることができます。加えて、授業後には先生役の子たちが板書をやはり写真に撮り、先生に送りますので、担任は授業展開のあらましについても出張先ですぐに把握できます。一人一台端末と高速大容量のネットワーク環境は、こんなところでも授業の可能性を大幅に広げ高めてくれるのです。

低学年の子どもでも、「自学・自習」は実施可能です。いつくらいから可能かというと、天童中部小では一年生の五月にはすでに実施していますが、少なくとも一年生の夏休み明けには子どもたちだけで十分にやれることが、複数の学校で確認されてきました。

授業スクリプト

「なぜそんなことができるのか」「何か特別な訓練をしているのではないか」と言われる方がいますが、むしろできて当然で、もちろん特別な訓練などは不要です。理由は簡単で、子どもたちにしてみれば、いわば先生ごっこをやっているのにすぎないからです。

入学以来、子どもたちは膨大な時間、先生がする授業を経験し、先生がしていることを毎日よく見ています。それを上手に真似っこしているわけです。たとえば四歳の子どもでも、家庭で親がしているさまざまなことを実に正確に真似ながら、長い時間ままごとをしますよね。その学校版だと考えれば、できない方が不思議なくらいでしょう。機会さえつくってやれば、子どもたちは大喜びで「自学・自習」という名の先生ごっこに取り組みます。

子どもたちは毎日の授業を通して、各教科等に特徴的な授業の基本的な流れを帰納的に学び取っています。これを心理学でスクリプトと言います。たとえば、レストランに入れば、お店自体は異なっていても、そこでのやりとりや行為の基本的な流れは決まっていて、だか

写真4　周到な準備をして「自学・自習」の司会役に臨む

らこそはじめて入るお店でもうまく振る舞うことができます。私たちは、膨大な数のスクリプトを毎日の生活の中で帰納的に学習し、それを上手に活用してくらしているのです。

それと同様のものが授業にもあって、算数科であれば、既習事項を確認する→今日の例題を解く→考えを出し合う→なぜそれでよいのか説明する→学んだことをまとめる→適用問題を解く、といった流れでしょうか。国語科では、学習問題に沿って証拠の文を挙げながら考えを出し合う、というのが基本的なルールになっているかもしれません。

このような各教科等の授業スクリプトに沿って、子どもたちは先生ごっこに興じているのです。興じると言っても、学習の一環だと理解はしていますから、実に真面目に取り組みます。とりわけ、先生役の子どもたちは真剣そのもので、事前の準備もしっかりやってきます。

［写真4］は、司会役の子どもが手元に置いていた授業のシナリオです。授業の流れに加え、主発問として何をどう話すかまで丁寧に準備していて、私たち教師が見習いたいくらいです。先生役の子たちのがんばりを受け、仲間たちも精一杯協力してよい授業にしようとしますから、活気のある濃密な時間になるのは当然の帰結なのです。

教師と子ども双方の周到な準備

それでは、具体的にどのように進めるのか見ていきましょう。先生役は、その教科等が得意な子や好きな子が立候補制で学習係になったり、日直がそれに加わったりといったやり方で、クラスの全員が何らかの形でいずれかの教科等を担当するようにしておきます。

授業が進行する中で、単元のこの部分を「自学・自習」でやってほしいと先生が子どもたちにリクエストします。これは教師の専門的な判断を要する事柄です。

たとえば、［表1］は六年生算数科「分数のかけ算」を六時間配当の単元にした場合の流れを例示したものですが、一、二時間目は、分数をかけるとはどういうことかをはじめて扱う概念形成の場面なので、教師が教えるのが順当でしょう。一方、三、四時間目は、一、二時間目に学んだことを既習事項に活用して一般化を図る学習なので、子どもたちだけでも何とか進め

表1　6年生算数科「分数のかけ算」の単元の一例

（森勇介「『見方・考え方』を生かして軽重をつける〜『少なく学んで大きく生かす』ための指導の工夫〜」奈須正裕編『ポスト・コロナショックの授業づくり』東洋館出版社、2020年、116頁）

時	学習内容
1	分数をかけることの意味について考え理解する。
2	分数×分数の計算の仕方を考えできるようにする。
3	計算の途中で約分のできる場合の計算の仕方を考えできるようにする。
4	帯分数どうしのかけ算や整数×分数の計算の仕方を理解する。
5	辺の長さが分数の場合でも面積や体積の公式の適用ができることを理解する。
6	交換・結合・分配法則が分数の場合でも成り立つことを理解する。

られそうです。同様に、五時間目の授業で教師が分数の公式適用というポイントをしっかりと指導すれば、計算のきまりへの適用が主題である六時間目は「自学・自習」にしてもよいでしょう。また、次の単元は「分数のわり算」ですが、これは「分数のかけ算」の学習を上手に活用すれば、子どもたちだけでも進められるはずです。(2)

かなりハードルが高いと感じられたかもしれませんが、いきなりこの高さに挑戦させるのではありません。下の学年から「自学・自習」の経験を段階的に積み重ねてくることにより、自分たちで協働的に学び深めていく力を高めることで、最終段階である六年生では、このくらいのハードルを子どもたち自身の力で越えられるようにしたいのです。

「特別の教科　道徳」や学級活動は、ほぼ全面的に子どもに委ねて大丈夫です。必ずしも教師が意図していた展開や結論にはなりませんが、心配するほどにはズレてはいかないものです。また、意図した結論に至らなかったとして、それではいけないのか、いけないとすれば何を目指して授業をしているのかについては、あらためてしっかりと話し合う必要があるでしょう。そういったことも含めて、「自学・自習」は授業とは何かを深く考えさせてくれます。

「自学・自習」のリクエストを受けて、先生役の子どもたちは準備を開始しますが、もちろん先生が相談にのります【写真5】。【表1】のような分析に基づき、この時間が単元の中でどのような位置にあり、ねらいは何で、既習事項との関連はどうかといったことを、わかりやすく丁寧に説明することが大切です。ここでは徹底した情報開示が原則で、教師用指導書、いわゆる赤刷りも子どもたちに提供します。「なるほど、こういう便利なものがあったのか」などと言う子もいますが、一向に構いません。それでも実際の授業となると思いどおりには進まない経験をすることで、日頃の教師の苦労を子どもも実感するのです。

これは他校の例になりますが、熱心な子どもがいて「先生、研究授業の時に見に来た先生たちがもっているやつがほしいんだけど」と言ってきました。指導案のことを言っているのですね。もちろん、手渡しますが、すると仲間と相談して指導案を書いてきたと言います。しかも「先生、この評価というところがよくわからなかったんですが、何かさらに資料がありますか」と言うので、学習指導要領と文部科学省の解説を渡したところ「なるほど、そう

写真5 先生（左端）と一緒に「自学・自習」の打ち合わせ

いうことか」と言いながら、翌日には指導案を書き直してきたというから驚きです。そんな具合で、高学年ともなれば、教育実習生くらいの授業は楽々できるのが普通です。

「自学・自習」の報告は、先に「小数のわり算」で述べたように、板書の写真を撮ったり、各自が学習成果や感想を授業支援クラウドに提出したりすることで行います。

エージェンシーを育む

「自学・自習」で興味深いのは、概して授業が早く進むことでしょう。子どもたちがする授業は単刀直入で、落語のまくらのような導入など一切やりません。子どもたちがどんな授業を望んでいるのかを思い知らされますし、振り返りの時間が十分に取れている様子を見るにつけ、普段の授業がいかに冗長で無駄が多いかを反省させられます。

反省させられるということで言えば、先生役の子どもは担任が普段行っていることを上手に真似て大役をまっとうしようとがんばりますから、担任にすれば鏡を見ているかのような感覚になります。発問や指示の出し方、仲間の意見の取り扱い方、さらには注意の仕方に至るまで、まるっきり担任が普段しているとおりにやってくれるので、反省材料には事欠きません。もちろん、子どもの姿に学んで教師が改善を図れば、多少のタイムラグはありますが、次第に「自学・自習」の様子も変わってきますから、努力のしがいは十分にあります。

「自学・自習」は、教師が教室を留守にする際によく実施されますが、ときには担任が後ろで見ていて、授業後に子どもと一緒に振り返りをするのも効果的です。自分たちががんばって創り出した授業について先生はどんな感想をもち、また助言してくれるのか、子どもたちは興味津々に違いありません。また、そういったやりとりを通して、普段の授業も含め、子どもたちと先生でどんな学びを生み出していきたいか、率直に話し合うことが望まれます。

先に情報開示の重要さを指摘しましたが、授業や学びについて、もっと子どもたちと腹を割って相談する機会をもちたいものです。「自学・自習」は、その好機となるでしょう。

本来、授業を含め学校生活はすべて、子どもと教師が協働で創り出していくものです。学校行事や児童会などの特別活動については、これまでも子どもが主体となり、創意工夫を発揮して行われることが多かったのですが、こと授業となると、すべてを教師が仕切ってきました。「自学・自習」はこの壁を打ち破り、授業もまた、子どもたちと教師で一緒に創っていくものとしたのです。この転換は、子どもたちの感覚を大きく変えていきます。

近年、ＯＥＣＤがエージェンシーという概念を提起しています。直訳すれば「行為主体性」ですが、ＯＥＣＤは「私たちが実現したい未来」を具現化する上で不可欠なものであり、「変化を起こすために、自分で目標を設定し、振り返り、責任をもって行動する能力」と説明しています[3]。先生の支援を受けながら、自分たちの意思と力で自分たちが望む授業を仲間と協働しながら創り出していく「自学・自習」の経験が、子どもたちにエージェンシーを育んでいくことは間違いのないところでしょう。

マイプラン学習

単元まるごとを自分の計画で学び進める

「自学・自習」での手応えを足場に、天童中部小が次に取り組んだのが「マイプラン学習」でした。「自学・自習」と同様、子どもたちが自立的に学んでいきますが、「自学・自習」が協働的な学びであったのに対し、こちらは個別最適な学びになります。一般に「単元内自由進度学習」と呼ばれる学習方法で、オリジナルの実践は一九八〇年代に愛知県東浦町立緒川小学校で開発されました。(4) 一単元分の学習時間をまるごと子ども一人ひとりに委ね、各自が自分に最適だと考える学習計画を立案し、自らの判断と責任で自由に学んでいきます。

【写真6】【写真7】は、六年生社会科の歴史学習の様子です。縄文時代から弥生時代を経て古墳時代へと至る各時代の様子とその移り変わりについて、一人ひとりの子どもが自ら問いを立て、その解決を目指してさまざまな資料を駆使した学習に取り組んでいます。教科書と資料集を丁寧に見比べながら自分なりの理解を構築しようとがんばっている子、タブレットを

写真6　理科室の広いテーブルに資料やパソコンを広げて学ぶ

使っていきなり膨大な資料に分け入る子、一人で黙々と学ぶ子もいれば、友達と相談しながら学ぶ子もいます。学ぶ場所も、教室の自席が落ち着くという子もいれば、広いテーブルが使える理科室に移動する子もいました。本当に一人ひとり多様というか、個性的に学んでいます。

「マイプラン学習」は学ぶ内容こそ決まっていますが、その名のとおり、いつ何をどんなふうに使って学ぶかは各自の計画やそのときどきの考え次第です。この学び方を強力に後押しするのが、教師による学習環境整備です。たとえば「マイプラン学習」の期間中、土器や埴輪《はにわ》、石器などのレプリカを博物館に見立てた余裕教室に設置し、いつでも自由に見たり触ったりできるようにしてみます[写真8]。すると、子どもたちは社会科の時間はもとより休み時間にも

写真7　教室の自席で友達と相談しながら学ぶ

写真8　自由に見たり触ったりできる土器や石器のレプリカ

写真9　大型ディスプレイに常時接続されたデジタル教科書

やってきては、友達とおしゃべりしながら結構長い時間、それらと関わっていました。レポートで使うのでしょう、タブレットで写真を撮っていく子もいます。

注目すべきは、すべての子どもが［写真8］のような関わりを一律にするわけではなく、何度も展示コーナーを訪れる子もいれば、ほんのわずかな時間しか滞在しない子もいることでしょう。この学習材が心に留まり、そこで得た実感や気付きを中心に学びを深める子もいれば、また別な学習材で学ぶ子もいます。大切なのは、一人ひとりが自分の琴線に触れる学習材と出合えることで、それが何であるかは子どもによって実にさまざまです。だからこそ、教師としては可能な限りの多様な情報や物品を準備し、提供する必要があるのです。

写真10　子どもの意思で資料にアクセスする

子どもの都合でいつでも使える学習環境整備としては、教師用のデジタル教科書が入ったパソコンを大型ディスプレイに接続し、子どもに開放するといった工夫も考えられます［写真9］。ここでも、盛られたコンテンツを隅から隅まで熱心に見る子もいれば、まったく見向きもしない子もいますが、それで構いません。

［写真10］は、どこの学校にもある教科書会社提供の大型の図版です。これも、一斉指導では教師の都合とタイミングで一回きりしか見せないことが多かったと思いますが、こうやって廊下に常時張り出しておけば、見たい子どもが見たいタイミングで見たいだけ見ていきます。

「マイプラン学習」の特徴の一つに、複数教科同時進行ということがあります。子どもたちは与えられた時間を自由に使って創意工夫に富んだ学びを計画・実施しますが、さらに二教科の同時進行とすることで、自由度も二倍に広がります。指定された時間を使えば、多くの子が過不足なく学べるようコースは設計されていますが、その教科や領域に関する子どもの得意・不得意や興味・関心等により、各教科の学習にかける時間に軽重がつくことはあって構いませんし、むしろ各自の戦略的で効率的な時間配分の工夫が期待されてもいます。

具体的には、得意な教科の学習を早めに終え、苦手な教科の学習に十分な時間を残し、今回の単元を機に苦手意識を克服すべくがんばってみる。あるいは、以前から興味があった内容にじっくりと時間をかけて充実した学びを大いに楽しみ、もう一方の教科については要求された内容を効率的に学び進めるべく工夫するといった具合です。与えられた時間を上手にやりくりし、今現在の自分に最適な学びを効果的に実現できるようさまざまな計画を実際に試してみる機会が存分に与えられることは、メタ認知や学習の自己調整能力、さらに自分に合った学び方、いわば「学び方の得意」を見いだす上でとても大切なことです。

また、取り組んでいる教科や活動が子どもによって違ってきますので、友達と比較して一喜一憂するといったこともありません。さらに、理科の実験や観察が典型ですが、進度がまちまちになることで、特定の時間に器具や装置を使って学習する子どもの数が大幅に減り、限られた数の器具や装置でも十分に間に合うという運営上の利点もあります。【写真11】は六

写真11　6年生理科「生き物どうしの関わり」の実験コーナー

年生理科の光合成の実験コーナーで、袋をかぶせたホウセンカの鉢に酸素と二酸化炭素の測定器が挿入され、十分な光源が設置されています。この実験はかなりの時間がかかるのですが、個人実験として組まれていました。子どもたちの進度や活動がばらつく、複数教科同時進行による「マイプラン学習」ならではの強みと言えるでしょう。今日は実験をしようと計画していても、実際にその場に行ってみて混み合っていれば、子どもの方で柔軟に予定を変更するといった調整も次第にできるようになっていきます。

[資料1] は、**[写真11]** の学習で用いる学習カードです。教科書を参考に実験を行いますが、光合成が進むまでの時間を使っ

てデジタル教科書の動画も視聴し、自分の実験結果と合わせて総合的な考察を行うようになっています。

学習のてびき

それでは、具体的にどのように進めるのか見ていきましょう。学習計画の立案に際し、子どもたちがよりどころにするのが「学習のてびき」と呼ばれるカードです。**[資料2]**はオリジナルの緒川小のもので、単元のめあて、学習内容、標準的な時間数、多くは問いかけの形で書かれた単元の導入に当たる短い文章（通称「ゼロ番」）、基本的な学習の流れ、教科書の該当するページや利用可能な学習材・学習機会に関する情報がわかりやすくコンパクトに記されています。学習のてびきに盛られた情報は、通常の単元指導案とほぼ同じです。子どもに指導案を渡してしまおうというのが、てびきの発想なのです。

学習スタイルや認知スタイルに配慮し、学習のてびきが数種類つくられることもありますが、教師は個々の子どもにコースの推奨はするものの、最終的な選択は各自に委ねます。中には「友達が向こうのコースだから、私もそうしようかな」といった子も出ますが、一度それでやってみてうまくいかなければ、次はその子も考えます。また、これまでとは違った学

資料1　6年生理科「生き物どうしの関わり」の学習カード

教科書P80～82

マイプラン学習6年理科

生き物どうしの関わり❸

組　番　名前：

問題

植物は、空気とどのように関わっているのだろうか。

調べる

実際にやってみよう！

①ふくろをかぶせたホウセンカのはちに、息を数回ふきこむ。
②酸素と二酸化炭素の量を調べる。
※30分くらい日の当たるところに、そのまま置いておく
③酸素と二酸化炭素の量を調べる。

待っている間に、取り組む課題

動画を観て考えよう！

①デジタル教科書のP81を開く。
②動画を視聴し、表に動画の実験の結果を記入する。

結果

実際にやってみよう！

	酸　素	二酸化炭素
時　分	%	%
時　分	%	%

動画を観て考えよう！

	日なたに置いたはち		おおいをしたはち	
時　刻	酸　素	二酸化炭素	酸　素	二酸化炭素
時	%くらい	%くらい	%くらい	%くらい
時	%くらい	%くらい	%くらい	%くらい

考察と結論

酸素の量　→　増えた・減った
二酸化炭素の量
→　増えた・減った

植物は日光が当たると、

酸素の量　→　増えた・減った
二酸化炭素の量
→　増えた・減った

植物も動物と同じように、

び方に挑戦し、意外とうまくいったり、新たな経験を得たりもします。そんな多様な経験の中で自らの学びをしっかりと見つめ、自分自身の「学び方の得意」を見いだすべく懸命に模索することが、その単元の学習内容を習得することと同等か、ときにはそれ以上に価値ある学びだと、単元内自由進度学習では考えられてきました。

計画が立つと、各自で学習を進めていきます。一人学びを基本としているので、理科の実験や観察も、準備から片付けまですべて一人で実施します。学習の進行は各自に委ねられますから、特定の一時間を見ると同じクラスの子どもが異なる学習カードや活動に取り組んでいたりしますが、単元全体で見た場合に辻褄《つじつま》が合い、単元終了時に全員が単元のねらいを実現すればそれでよいと考えます。

学習のペースを単元レベルで各自に委ねると言うと、最後までたどり着かない子どもが出るのではないかと心配される方がいますが、経験的には一番遅い子でも時間内にほぼすべての課題を終えることができます。子どもたちはしっかりとした見通しをもち、実際に計画も立てて学んでいきますから、大幅に遅れていれば自分で気付いてスピードアップしたり、それでも足りなければ、休み時間などに上手に時間をつくって進めておいたりするのです。

もっとも、実際にはそういったことは比較的まれで、むしろ時間に余裕の出ることが多く、それこそ速い子は、指定された半分の時間ですべての課題を終えてしまいます。そういう時

資料2　6年生社会科「変わりつつある工業」の学習のてびき

(愛知県東浦町立緒川小学校『個性化教育へのアプローチ』明治図書出版、1983年、187頁)

学習のてびき（5年社会「変わりつつある工業」）

この「てびき」の目標

1. 工業の資源には限りがあり，人々の努力や工夫によってそれが有効に利用されていることを知る。
2. 加工貿易について理解し，これからのわが国の貿易のあり方について考える。
3. 大・中小工場の役割を知り，そこで働く人々の様子について理解する。
4. 工業の発展によって発生した公害と，防止のための努力について理解する。

標準時間　480分（6ブロック）

0　君たちがふだん使うものの中で，人の手が加えられていないものがあるでしょうか。鉛筆1本ちり紙1枚….何かの形で人の手が加えられています。身の回りのものを加工し，生産する工業にも，農業や水産業と同じようにさまざまな問題点があります。

ここではそれらを4つにしぼって学習したあと，みんなが住んでいる東浦町の工業の問題点についても考えてみましょう。町や会社はどのような工夫や努力をしているのでしょう。

	カード	教	資料集	その他
1　工業の発展は人々にとって必要なことなのかどうか調べてみましょう。	学習カード 1	P.19〜20 P.41〜42	P.68〜69	
2　工業のかかえるさまざまな問題について考えましょう。 （ABCDは，どれから学習してもよい）				
A　A1　身の回りのものを1つ選んで，それが何でできているのか　その正体を調べましょう。 A2　工業資源（工業原料・動力・工業用水）について調べましょう。	学習カード 2	P.21〜27	P.52〜53 P.56 P.64	地P.55 ヒントカード 資カード1
B　B1　日本の貿易の輸出入品や相手国について調べましょう。 B2　これからの日本の貿易について考えましょう。	学習カード 3	P.28〜33		資カード 2 3
C　C1　大工場や中小工場で働く人々のようすについて調べましょう。 C2　中小工場の役割について考えましょう。	学習カード 4	P. 4〜16 P.34〜39	P.58〜59 P.72〜80	VTR　1
D　D1　具体的な公害の事例を1つ取りあげ，その害の様子・発生原因・解決方法について調べましょう。➡先生に提出して見てもらいましょう。 D2　国や県，会社などがとっている公害防止策を調べてみましょう。	学習カード 5	P.40〜43	P.65〜67	朝基'79 P.35〜41 朝基'80 P.35〜40
3　以上の学習から，これからの工業はどのようになっていくといいのか A〜Dをふまえてレポートを書きましょう。➡先生に提出して見てもらいましょう。				ヒントカード2
ここまでは全員通過するようがんばりましょう				
4　東浦町の工業の問題について自分の考えを書きましょう。				

のために発展学習が準備されているわけですが、たとえば、五年生で理科と社会科の二教科による合計一三時間の「マイプラン学習」を実施したところ、クラスの子ども三三人のうち三〇人が発展学習に取り組んだといいます。また、発展学習に用いた時間の平均は四・八時間、最も多い子どもは七時間も発展学習に取り組んでいました。

なぜ、そんなに多くの時間的余裕が生じるのでしょう。理由は明快で、国立教育研究所（当時）の調査によると、単元内自由進度学習で子どもが手を動かし、頭を働かせている実学習時間は、総学習時間の九一%にも達していました[5]。驚異的な数字で、この学習における学習効率の高さを示しています。よく「時間が足りなくて教科書が終わりません」と言う先生がいますが、主な原因は一斉指導における学習効率の低さにあります。このことは、歴史的な経緯と心理学的な原理の両面から、第三章と第五章で詳しく見ていくことにしましょう。

要求された学びをひととおり終えると、成果を先生に見てもらったりチェックテストを受けたりします。それに合格すれば、最後に単元を通して探究すべき問いである「ゼロ番」に立ち返り、自分なりの答えを出していきます。【資料2】で言えば、日本の工業の特質や問題に関する学びを踏まえ、地元、東浦町の工業の問題について自分の意見を書くのです。

緒川小が開発したオリジナルの学習のてびきと、それに基づく展開のあり方は以上のとおりですが、学習のてびきについてはさまざまなバリエーションが開発されてきましたし、そ

資料3　6年生理科「てこ」の学習のてびき

(小山儀秋監修、竹内淑子著『教科の一人学び「自由進度学習」の考え方・進め方』黎明書房、2019年、24頁)

自由進度学習	理科「てこのはたらき」学習のてびき

名前 ＿＿＿＿＿＿＿＿＿＿

(標準時間８時間)

目標

・ぼうが水平につり合うときのきまりを調べる。
・「てこ」や「てこ」を利用した道具について調べる。
★チェック１　学習カード提出
・「さおばかり」か「てんびん」を作る。
★チェック２　作品の提出
・「てこ」のはたらきについて分かる。
★チェック３　チェックテスト

学習の流れ

学習内容	教科書	学習カード	答えカード
①てこのはたらきについて調べる。	P72、73	学習カード1	答えカード1
②力点や作用点の位置を変えると、どうなるかを調べる。	P74〜75	学習カード2	答えカード2
③てこ実験器で、どのようにすればつり合うかを調べ、つり合うときのきまりを考える。	P76〜79	学習カード2	答えカード2
④てこ実験器で、２カ所以上におもりをつり下げた場合について調べ、つり合うときのきまりを考える。		学習カード3	答えカード3
⑤てこを利用した道具について調べる。	P80〜83	学習カード4、5	答えカード4
★チェック１　学習カード１〜５を先生に見せる。			
⑥「さおばかり」か「てんびん」を作る。	P81、84	学習カード6	
★チェック２　作品と学習カード６を先生に見せる。			
⑦チェックテストをやる。	チェックテスト		
★チェック３　チェックテストを先生に見せる。			

---------- ここまでは、かならず終わりましょう。----------

発展学習	☆支点が、力点と作用点の間にない「てこ」のしくみを調べよう。
	☆たかしくんとよしこちゃんのシーソーの問題を解こう。
	☆学校の中にある「てこを利用した道具」を３個以上見つけよう。
	☆「もの作りカード」を参考にして、**つりあい**を利用した物を作ってみよう。
	☆「てんびん」や「てこ」についてパソコンで調べてまとめてみよう。

れに伴って学習の展開も多少異なってきます。[資料3]は、小単元ごとに教師によるチェックを受けるようになっている点、単元の終末が「ゼロ番」への考察ではなく、興味・関心に応じた課題を選択しての発展学習になっている点などが、緒川小のものとは異なっています。また、天童中部小の「マイプラン学習」でも、多くはこの方式で学習のてびきが作られてきました。[資料3]の学習のてびきでは、「ゼロ番」がもつ単元の導入の機能を「ガイダンスプリント」として別途提供しているのも特徴的です[資料4]。

このように、学習のてびきをつくるという作業が、そのまま単元内自由進度学習のコース設計になっています。コースの設計は、学習指導要領とその文部科学省の解説を基盤に据え、教科書を参考にしながら進めていきます。教科書の各ページに盛られた学習活動や教材が、学習指導要領のどのような内容なり資質・能力の実現をどのような筋道で果たし得るのか、まずはそのことを丁寧に確認していくところから始めるのです。

もちろん、これは通常の授業づくりでも必須の作業なのですが、その場その場で口頭での指示や説明をするのではなく、すべての指示や説明をあらかじめ文字情報で提供する必要がある単元内自由進度学習では、これを徹底しないと学習のてびきや学習カードが作成できません。毎日、自転車操業的に教科書の見開きだけを眺めて授業をしてきた教師には、授業づくりの本来のあり方を知る上でも、よい学びの機会になります。天童中部小はこの学校が初

資料4　6年生理科「てこ」のガイダンスプリント

（小山儀秋監修、竹内淑子著『教科の一人学び「自由進度学習」の考え方・進め方』黎明書房、2019年、23頁）

6年理科　自由進度学習「てこのはたらき」ガイダンスプリント

6年　　組　　名前

「疑問」その1
たかしくんとよしこちゃんのシーソー

見た目はふっくらしてるけど意外に軽い（体重３０kg）、気の強い「よしこちゃん」。

見た目は細いけど意外と重い（体重７０kg）、気の弱い「たかしくん」。二人はいつも仲良しで、今日もシーソーに乗りました。

すると、よしこちゃんは

「ちょっと、アンタ、そんなとこに座ってたらつりあわないでしょ！ 少しは考えてすわりなさいよ!!」

と、たかしくんに言いました。それを聞いたたかしくんはおろおろするばかり。

「どこにすわったらいいの？わかんない」と、今にも泣き出しそうです。

さて、たかしくんはどこに座ったらいいでしょう。

「疑問」その2
くぎ抜きのひみつ

「くぎ抜き」を使ったことある人いるよね。

どうして、こんなにかんたんに、くぎがぬけちゃうの？？

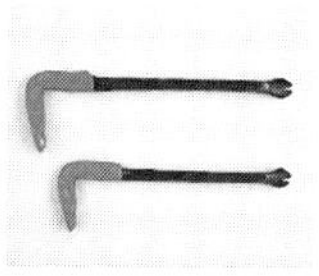

「挑戦」
「さおばかり」を作ろう。

昔から、人々はものを売買するときに「はかり」を使っていました。つりあいのきまりを利用した「さおばかり」です。

竹内先生も「さおばかり」を作ってみました。

キミも、正確な「さおばかり」を作って、竹内先生と勝負しよう！

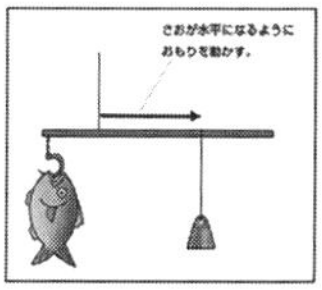

さあ、この学習を終えて、疑問や挑戦をクリアしよう！

・学習場所「第２理科室」

・持ち物

色鉛筆、はさみ、ファイル、教科書

任という新卒教員が多いのですが、学年のベテラン教師と一緒に「マイプラン学習」のコース設計や教材開発、学習環境整備をする中で、学習指導要領の読み方や教科書の吟味の仕方など、授業づくりの基本が培われているように思います。

教科書を参照する際には、採択教科書だけでなく他社の教科書も見比べると、さまざまなアイデアが得られるでしょう。各社の教科書は説明の仕方や具体例の違いはもとより、同じ内容を大いに異なる教材や活動、展開の順序で学ぶようになっている場合も少なくありません。採択教科書の学び方では厳しいけれど、別な教科書の学び方であればうまく学べそうな子どもの顔が浮かんできたならば、その学び方も可能なように学習のてびきや学習カードを作ればよいのです。さらに、例示してきたような魅力的な学習環境の提供により、子どもたちは自ら選び取ったさまざまな学び方を経験しながら、次第に自分に最適な学びを見いだしていき、ついには自信をもって自分らしい学びを自力で進められるようになっていきます。

真の実力を引き出す

「マイプラン学習」は、低学年や特別支援学級でも何の問題もなく実施できます。

［資料5］は、お手紙の書き方を学ぶ単元、一年生国語科「こころポカポカ大さくせん」の学

資料5　1年生国語科「こころポカポカ大さくせん」の学習のてびき

こころポカポカ 大さくせん!!

1年　　くみ　　名まえ(　　　　　　　　　　)

● もくひょう

・しらせたいことを、ていねいなことばでくわしくかけるようになろう。

・かいた文をよみかえして、すいこうできるようにしよう。

※すいこう…文しょうをなんかいもよんで、いいたいことがつたわるようになおすこと。

<table>
<tr><th>学しゅうの流れ</th><th colspan="12">チェック</th></tr>
<tr><td>(一)だれに、どんなことをつたえるかをきめる。</td><td colspan="12"></td></tr>
<tr><td>だれに</td><td colspan="12">どんなこと</td></tr>
<tr><td>(二)手がみのかきかたをしる。
※かきかたプリントにかく。</td><td colspan="6"></td><td colspan="6">先生</td></tr>
<tr><td>(三)すいこうのしゅぎょうをする。
※しゅぎょうプリントを３まいかく。</td><td colspan="4">一のまき</td><td colspan="4">二のまき</td><td colspan="4">三のまき</td></tr>
<tr><td>(四)下がきプリントに下がきをかく。
※かきかたプリントを見ながら、下がきをかく。</td><td colspan="12"></td></tr>
<tr><td>(五)すいこうする。
※手がみのかきかたチェックシートを見て、
自分でチェックしてから、ともだちにチェックしてもらう。</td><td colspan="12"></td></tr>
<tr><td>(六)せいしょをする。
※すいこうがおわった下がきプリントを見ながら、
ていねいにかく。</td><td colspan="12"></td></tr>
<tr><td>(七)パワーアップ!!
※ポカポカ名人になって、
たくさんの人に手がみをかく。
けいかくの(二)、(四)、(五)、(六)をする。</td><td colspan="3">さん</td><td colspan="3">さん</td><td colspan="3">さん</td><td colspan="3">さん</td></tr>
</table>

資料6　1年生国語科「こころポカポカ大さくせん」の学習資料

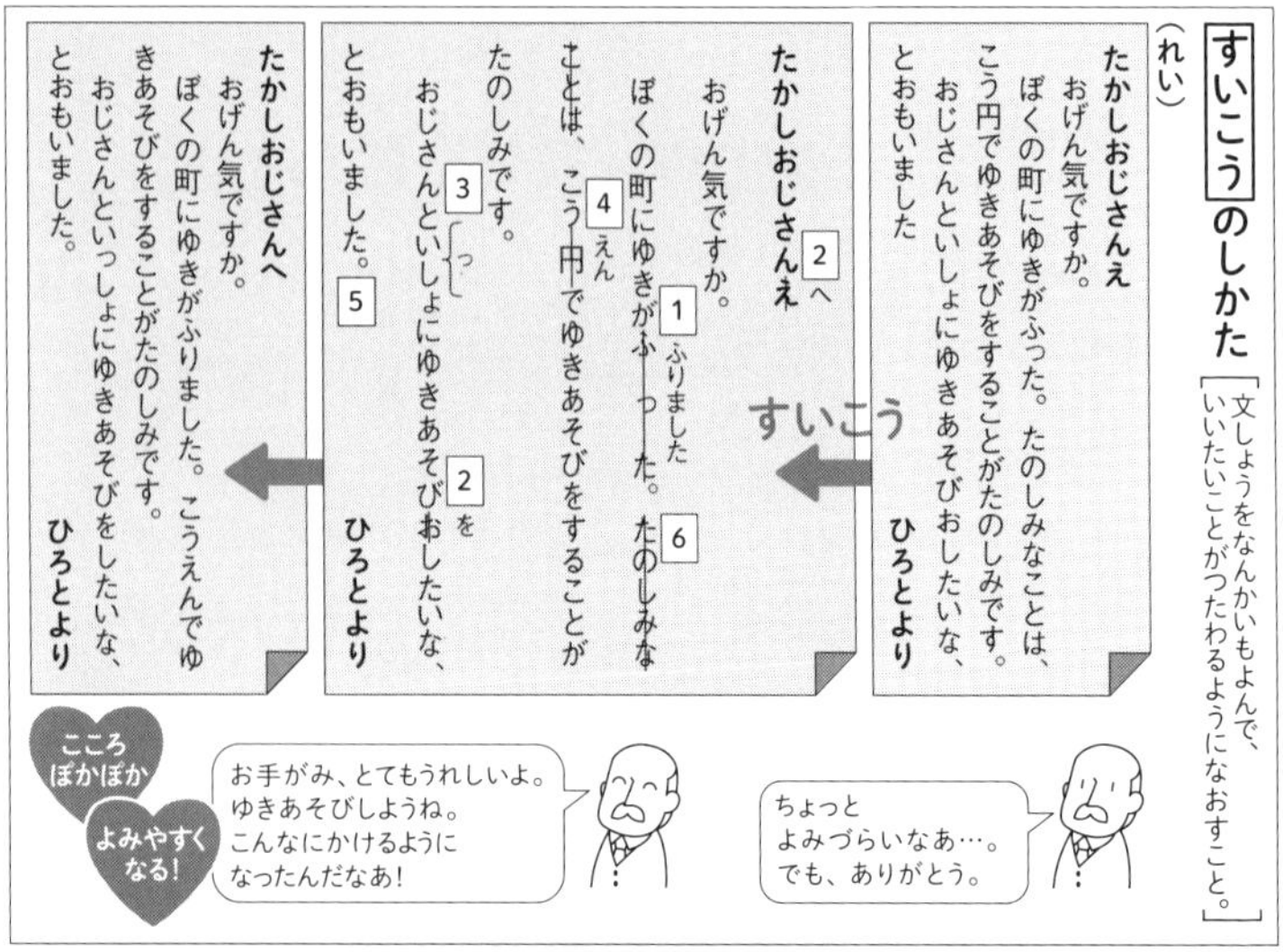

習のてびきです。目標に「かいた文をよみかえして、すいこうできるようにしよう」とある点に驚かれるかもしれませんが、こういった「教科の言葉」は、できるだけ変えないのが得策です。言葉自体が難しくても、実際の作業を通して推敲の具体を学ぶことで、子どもたちは十分にその意味を理解しますから、実は大丈夫なのです。むしろ、ころころと言葉が変わることにより混乱する可能性の方を、よほど心配すべきでしょう。

　もちろん、何をどうすることが推敲なのか、またそれによってどんなよいことがあるのかをわかりやすく書いたカードを、目立つところに掲示するとともに手元にも持たせ、いつでも参照できるよう

写真12　友達同士で推敲後のお手紙をチェックし合う

にしています［資料6］。［写真12］は、推敲後のお手紙を友達同士でチェックし合っている場面ですが、なかなかに厳しく突っ込まれていました。

［資料7］は、一年生向けに書かれた「マイプラン学習」の説明書です。この程度の説明を受け、あとは実際に経験することで、一年生でも「マイプラン学習」の趣旨を十分に理解し、どんどんと自力で学び進めていきます。これは驚くべきことではなく、そもそも、子どもたちはそのくらいの学ぶ力をもっていますし、学ぼうとしているのです。このことは、第四章でさらに詳しく見ていくことにしましょう。

特別支援学級（知的障害、自閉症・情緒障害、肢体不自由）では、「はかる」という主題の下、広さ、重さ、長さ、かさに関する算数科の学習内容を統合し、一年生から六年生の子どもたちが、それぞれの状況や求めに合わせて選択的に学べるように構成された「マイプラン学習」を開発、実践しました。

[写真13] は、じゃんけんで勝った方がマグネットを貼っていく陣取りゲームで、最後にマグネットのいくつ分かを数えることで、形に関係なく広さ比べができることを学んでいきます。**[写真14]** は、てんびんばかりを使い、一本10グラムのおもりのいくつ分かでさまざまなものの重さをはかる学習コーナーです。うまく釣り合ったら写真を撮り、学習成果としてロイロノートの提出箱にアップします。

長さについては、渡り廊下の壁に貼られた大小さまざまなキャラクターの身長を、10センチ刻みで水平方向に貼られたテープのいくつ分かを数えることで測り、順番をつける学習コーナーが設置されました。子どもたちは、自分の身長との直接比較もしながら、楽しく課題に取り組んでいきます。キャラクターを貼る高さ（足の位置）を変える工夫もなされていて、普遍単位を用いた間接比較の意味やよさを自然に学び取れるようになっていました。

さらに、かさの学習コーナーには、大きさの異なるペットボトルなどさまざまな容器のかさを、100mLのカップに水を入れ、そのいくつ分かで確かめる活動が準備されていました。お気付きのように、この「マイプラン学習」では、すべての学びが「一つ分のいくつ分」という算数科における重要な「見方・考え方」を柱に組み立てられていました。これにより、

資料7　1年生「マイプラン学習」の説明書

マイプラン学しゅう せつめいしょ

1年　　くみ　　名まえ(　　　　　　　　　　　)

● マイプラン学しゅうってなに??

じぶんでけいかくをたてて、じぶんでべんきょうするじかんのことです。一人ひとり、じぶんのペースでべんきょうをすすめます。

● どうしてマイプラン学しゅうをするの??

１年生に、１人でも学ぶことができるようになってほしいからです。わかる、できるだけでなく、けいかくを立てたり、といをもったり、じぶんの学しゅうをふりかえって、つぎに生かすことができてほしいとおもっています。

● 先生はおしえてくれないの?

こまったら、先生やともだちにおたずねしてもいいです。でも、まずはじぶんでかんがえて、しらべてとりくんでみましょう。

● どんなべんきょうをするの?

２つのべんきょうをします。あわせて12かいです。
こくご：「てがみでしらせよう」おもに、きょうしつでとりくみます。
さんすう：「かたちづくり」おもに、どんぐりホールでとりくみます。

● はやくおわったらどうするの?

はやくおわった人には、パワーアップコーナーもじゅんびしてあります。どんどん学しゅうをすすめてください。じぶんのわかりぐあいにあわせて、じぶんのペースでべんきょうできることが、マイプラン学しゅうのよさです。

広さ、重さ、長さ、かさといった個別的な学びにとどまることなく、「はかる」という行為やそれを支える数学的な概念を、発展的・統合的に学べるよう構成されているのです。

また、子どもたちは学年や障害の状況を超えてさまざまに交流し、支え合ったり教え合ったりしながら学び進めていました。その意味で、個別最適な学びであると同時に協働的な学びであり、さらには包摂的な学びにもなっていると言えるでしょう。今後の特別支援教育のあり方について、多くの示唆を与えてくれる実践ではないかと思います。

写真13　陣取りゲームで広さを学ぶ

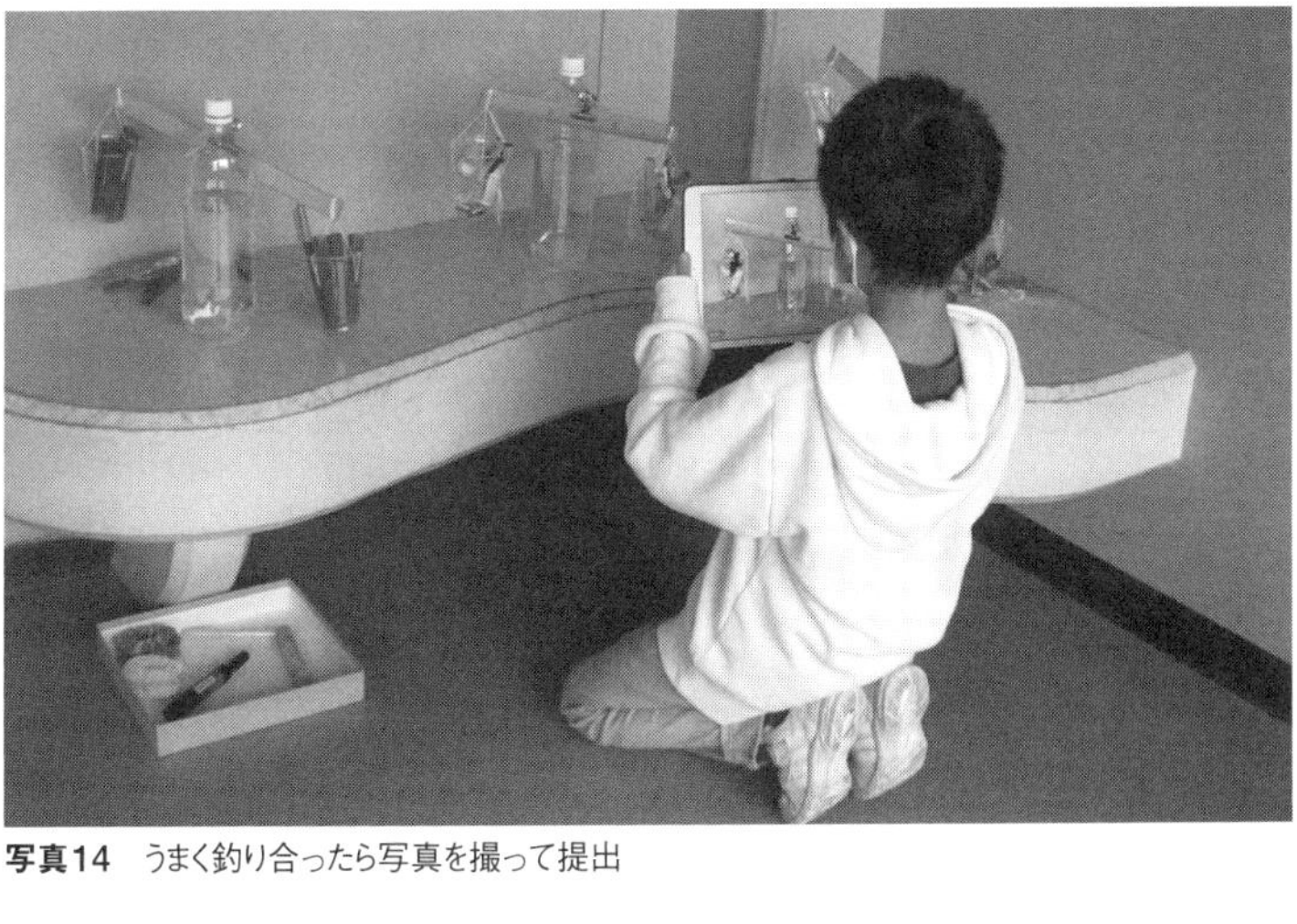

写真14　うまく釣り合ったら写真を撮って提出

フリースタイルプロジェクト

すべてを子どもに返す学習

「マイプラン学習」をもう一歩先へと進め、どのように学ぶかという学習方法のみならず、何を学ぶか、つまり学習内容までも子どもに委ねてはどうか。このアイデアから生まれたのが「フリースタイルプロジェクト」です。

加藤幸次氏は、子どもたちに育むべき個性を二つの「得意」としてとらえました[6]。「指導の個別化」「学習の個性化」という考え方を打ち出し、緒川小の実践研究を指導した

第一の側面は、すでに述べた「学び方の得意」です。さまざまな教材や学習形態、学びの筋道やメディアを用いた学習を経験することにより「自分にはこのやり方が合っているし、この仕方でならうまく学べる」という自己認識、今日でいうメタ認知的知識の形成をねらい

ます。「マイプラン学習」は、一人ひとりの子どもがこの「学び方の得意」を見いだし、自らに最適な学びを自力で計画・実施できるようになることを目指していると言えるでしょう。

第二の側面は「学ぶ領域の得意」で、一人ひとりの子どもが「自分はこの分野をやったことがあり、得意である」という気付きを得て、自己肯定感や自己有能感を高めるとともに、アイデンティティーやキャリア形成の礎としていくことが期待されてきました。そしてそのためには、何を学ぶかという学習内容の決定が一人ひとりの子どもに委ねられ、十分な時間と豊かな学習機会が保障された状況下で存分に試行錯誤する必要があります。「フリースタイルプロジェクト」は、まさにそのような学習を意図して生み出されました。

ちなみに、このような趣旨の実践は古くからあり、第三章で見るように、日本でも大正時代にはすでに試みられています。さらに今日では、個々人で探究課題を自由に設定する総合的な学習の時間、いわゆる「個人総合」として、どこの学校でも実践可能です。近年活況を呈している高校の探究学習の多くも、このカテゴリーに含まれると解釈できるでしょう。

それでは、校内で共通理解を図るべく作成された「フリースタイルプロジェクト概要」**[資料8]** に沿って、そのあらましを見ていくことにしましょう。

まず、この学習のねらいとしては「自分の興味・関心を生かして、学ぶ内容や学び方、学びの計画を自分で決めて学ぶことができる」ことと、「実践する中で学習の面白さを感じ、

4. 基本的な考え方

〈学習テーマの決定〉

・日記等を通して、子どもから提案を受け付ける。内容に応じて相談にのったり指導したりする。学習テーマの作成については次のことに留意する。

○基本的に個人で取り組む活動であること。
○短時間で簡単にできてしまうものではなく、学び甲斐があるテーマであること。
○材料などが必要な場合は、学校にあるものを除いて基本的に個人で準備すること。
○テーマは具体的に設定し、ねらいをはっきりすること（下線部が重要）。

・植物の光合成を説明する模型作り
・パティシエ○○さんを満足させるパイ作り
・まったく新しいエコ・バック作り
・バスケットボールで、いつでも３ポイントシュートを決める技術の習得
・ピアノで『○○』を演奏し、クラスのみんなに聞いてもらう
・3分以上飛び続ける模型飛行機作り

＊調理は、安心安全を最優先するため各家庭で行う。ただし、野菜を切る練習などについては、感染症対策を確実にとった上で学習することができる（家庭科室のテーブルを一人で使う。包丁やまな板などの道具の使いまわしはしない。飲食しない）。

〈学習活動の実行〉

・フリースタイルプロジェクトの時間になったら、計画表や必要な道具類を持ち活動場所へ移動し、自分の計画に沿って個人で学習活動を進める。基本的に学習については個人の計画によるが、より質の高い学習となるよう、学習内容や学習時間、学習者に応じて、助言や支援をする必要もある。粘り強く取り組む中で自分の学習を調整できる姿を求めていく。安易な達成度で満足することなく、子どもたちが目的意識をもって追究し続け、達成感・成就感を味わうことができるよう配慮していくことも大切にする。

＊ピアノや体育館等、混雑が予想されるところがいくつかある。各場所の使用人数等のデータを６年生のプロジェクトチームに事前に提供し、みんなが気持ちよく学習できるための方策を考えていく。

〈学習活動の振り返り〉

・学習活動の最後に、10分程度の振り返りの時間を設定する。振り返りを通して、学習活動の達成感・成就感を確かめる。また、次時の学習計画についても見直しを行う。その際、次時にすぐに活動に入れるような具体的な計画になっていることに留意するようにし、計画力を高める。振り返りカードは、自教室に持ち帰り担任が回収し朱を入れる。

〈指導体制〉

・子どもはさまざまな場所で、多様な学習活動を展開する。そのため、４年生以上の学級担任＋α（必要に応じて）で、場所ごとに担当者を決めて指導に当たる。
・指導者は子どもの姿も見取りつつ、自分の課題に取り組む。指導者が楽しく取り組む姿は、子どもにとって好ましい学習環境の一つになり得ると考えられる。

資料8　フリースタイルプロジェクト概要

フリースタイルプロジェクト概要

1. ねらい

・自分の興味・関心を生かして、学ぶ内容や学び方、学びの計画を自分で決めて学ぶことができる。
・実践する中で学習の面白さを感じ、結果として達成感・成就感を味わい、自分の「得意」を見つけることができる。

2. フリースタイルプロジェクトの概要

学習指導要領で示されている資質・能力の実現に向けて、「個別最適な学び」と「協働的な学び」という観点で学習活動の方向性をとらえている。フリースタイルプロジェクトは、「個別最適な学び」について整理された「指導の個別化」と「学習の個性化」の特に後者を念頭に置いた学習である。子どもたちは、教科の枠を超えて、自分の興味・関心に沿って自由に学習テーマを決め、学習の内容・方法・場所等を自分で計画を立てて学習していく。（学習テーマは基本的に自由である。「自由進度学習における発展学習の延長」「教科学習の延長」等も考えられる。）これまで教師が主導することも多かった「学習内容」「学習方法」等をすべて子どもに返す子ども主体の学習である。

＊今年度はこうした活動を、子どもたちが話し合ったことを受け「フリースタイルプロジェクト」と呼ぶ。4年生以上の学年で取り組み時数は総合的な学習の時間から40時間程度とする。発表会は3年生以上を対象とする。

3. フリースタイルプロジェクトの日程

5月中		・子どもに概略を説明し、日記等を使って子どもの学習テーマの提案を受け付ける。 ・学習テーマについて相談や指導に当たる。
6月 3日	木	4・5・6年生の担任団による学習テーマ相談会。学年間でのテーマの隔たりをなくしたり考え方の意思疎通を図ったりする。活動場所を確認し、担当教員の割り振りを行う。　＊各児童のテーマの一覧表を作成し持参
6月14日	月	フリースタイルプロジェクト①　構想・計画①　＊各学級でガイダンス・計画づくり
22日	火	フリースタイルプロジェクト②　実践①
30日	水	フリースタイルプロジェクト③　実践②
7月 5日	月	フリースタイルプロジェクト④　実践③
15日	木	フリースタイルプロジェクト⑤　実践④
21日	水	フリースタイルプロジェクト⑥　実践⑤
夏休み		個人計画による活動
8月30日	月	フリースタイルプロジェクト⑦　実践⑥
9月 7日	火	フリースタイルプロジェクト⑧　実践⑦
15日	水	フリースタイルプロジェクト⑨　実践⑧
21日	火	フリースタイルプロジェクト⑩　実践発表会（3年生以上）

＊3・4時間目の連続した2時間を使用する。

結果として達成感・成就感を味わい、自分の『得意』を見つけること」が挙げられています。

また、このねらいを実現するために「子どもたちは、教科の枠を超えて、自分の興味・関心に沿って自由に学習テーマを決め、学習の内容・方法・場所等を自分で計画を立てて学習していく」のであり「これまで教師が主導することも多かった『学習内容』『学習方法』等をすべて子どもに返す子ども主体の学習」にすると宣言しています。

実施体制としては四年生以上で取り組み、教育課程上は、総合的な学習の時間から年間四〇時間を充当しました。これを二期に振り分け、各二〇時間をひとまとまりとして年間に二度実施します。毎回の学習は連続した二時間を使用し、第一期は夏休み、第二期は冬休みをはさんで計一〇回ずつの展開となります（**[資料8]**は第一期分）。また、いずれも最終回は実践発表会となっており、三年生も参加して各自の取組を紹介し交流します。

学習テーマについては、まずは日記等を通して子どもからの提案を受け付け、担任と相談しながら決めていきます。その際、①基本的に個人で取り組む活動であること、②短時間で簡単にできてしまうものではなく、学び甲斐《がい》があるテーマであること、③材料などが必要な場合は、学校にあるものを除いて基本的に個人で準備すること、④テーマは具体的に設定し、ねらいをはっきりすることの四点を子どもたちと共有しました。また、教科学習の延長や「マイプラン学習」における発展学習の延長も考えられることが明記されています。

活動は基本的に個人の計画に沿って進めますが、「より質の高い学習となるよう、学習内容や学習時間、学習者に応じて、助言や支援をする必要もある」との注記があります。また、活動後は振り返りを行い、「次時の学習計画についても見直しを行う」こととしました。

興味深いのは、概要の最後にある「指導者は子どもの姿も見取りつつ、自分の課題に取り組む。指導者が楽しく取り組む姿は、子どもにとって好ましい学習環境の一つになり得ると考えられる」という点です。望ましい教師のあり方について「四一人目の追究者」という表現が長野県などでよく使われますが、まさにそれを体現するものと言えます。

自分の世界を創り出し、広げていく学び

それでは、具体的な姿を見ていきましょう。

［写真15］は、体育館の様子です。奥はバスケットボールのシュート練習、手前はマット運動のコーナーになっています。各コーナーには教師がいて、安全管理を徹底するとともに必要に応じて助言や支援を行いますが、出過ぎない心がけが肝要です。

一番手前の子はバク宙（後方宙返り）の習得を課題にしていて、まずはタブレットでどのように学び進めればよいかを調べ、この日は基本となる側転の練習から始めていました。タブ

写真15　体育館で展開される「フリースタイルプロジェクト」の様子

レットは、自分の動きを動画撮影し、振り返るのにも活用されます。

［写真16］は、スケートボードの練習にはげむ子どもたちの様子です。それぞれに課題をもっており学年も異なりますが、同志ということで自然と支え合っていました。

［写真17］はダンスですが、活動の性格上、二人組でがんばっています。やはり、タブレットで自分たちの様子を動画に撮り、見返すことで次の課題を見いだしていました［写真18］。

［写真19］は、教室内の様子になります。同じ空間にいますが、刺繡《ししゅう》、マスク入れ作り、応急処置の仕方、バスケットボールのシュートなど、各自の課題に取り組んでいます。バスケットボールのシュートだからといって、いきなり体育館に行くのではなく、まずはじっくりと調べ、

写真16　スケートボードに挑戦

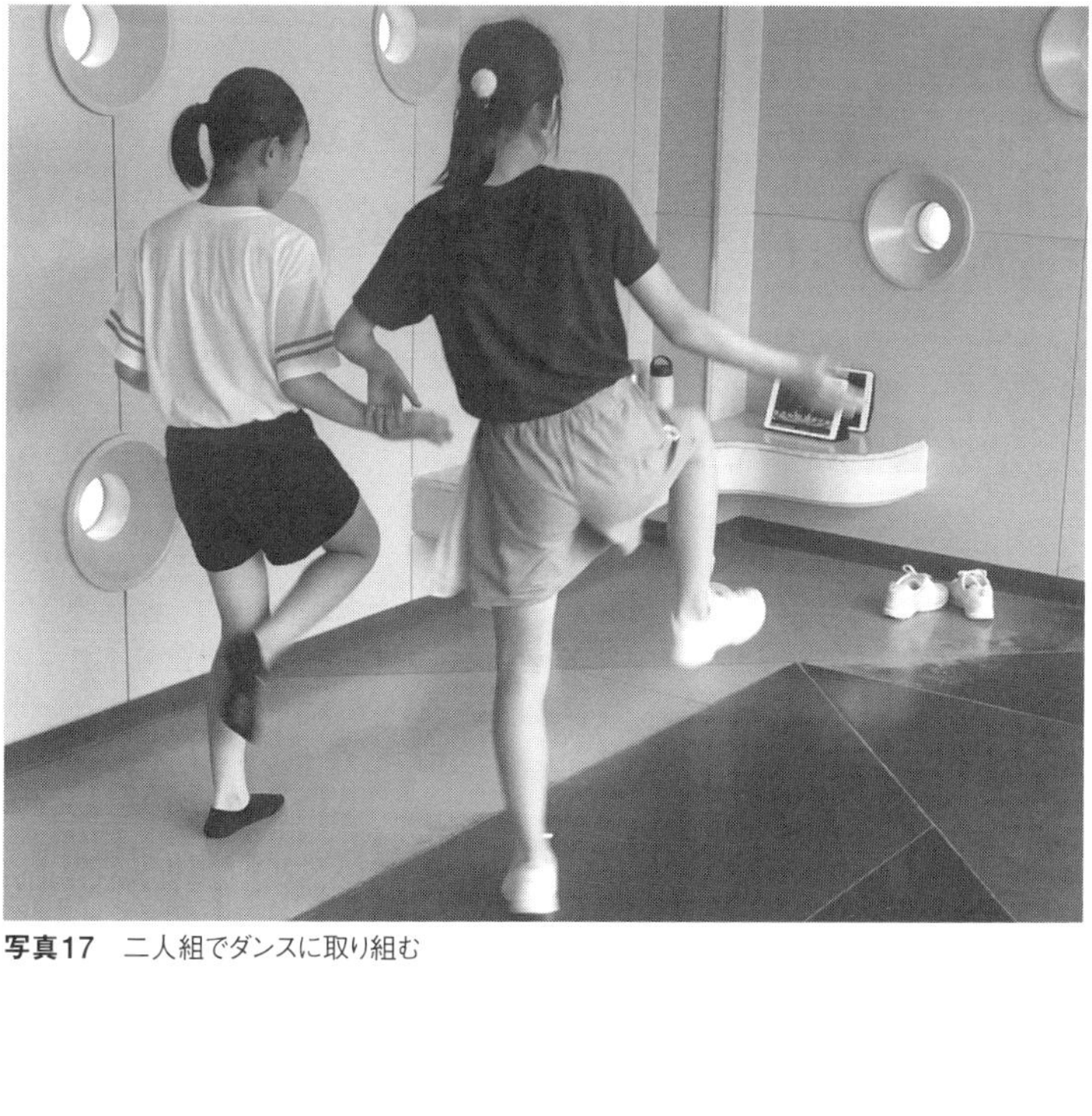

写真17　二人組でダンスに取り組む

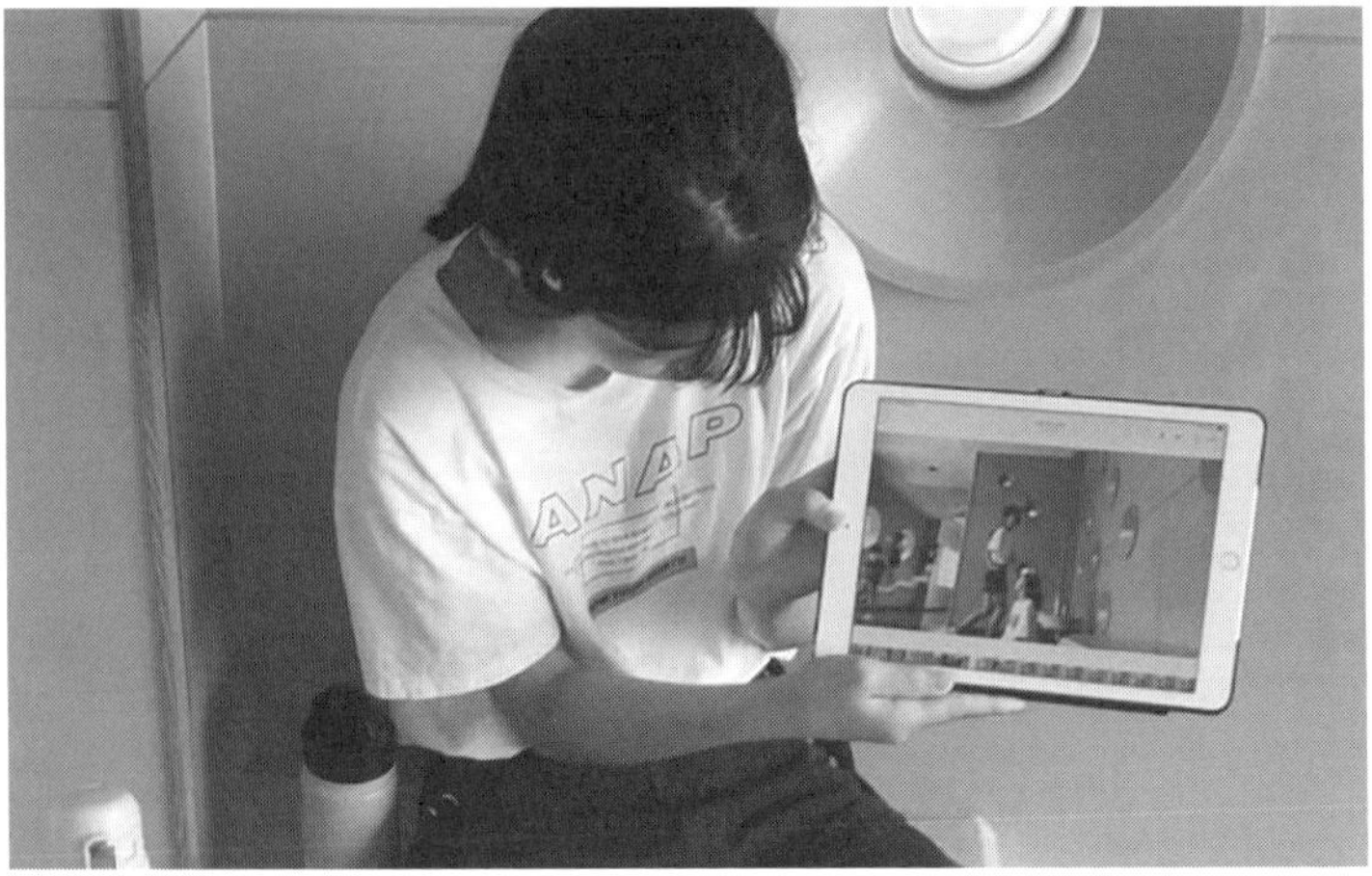

写真18　タブレットを活用してしっかりと振り返る

自らの課題を明らかにしてから練習に入るあたりに、長期的な見通しをもってじっくり取り組む「フリースタイルプロジェクト」の特質がよく表れています。

一番手前の子は刺繍に取り組んでいますが、やはりタブレットで調べ、万事一人で学び進めていました。**［写真20］**は、二三五年ほど前に緒川小で撮られた同様の実践の様子ですが、当時は手芸のような活動は指導者が不可欠で、ここでも地域のボランティアに教わっています。従来、活動が多岐にわたる「個人総合」では指導者をどうするかが大きな問題でしたが、一人一台端末の導入はこの状況を大きく変化させました。天童中部小の子どもたちにとって、もはやパソコンはごく普通に毎日使う「文房具」になっているのです。

写真19　教室の自席でそれぞれの課題に取り組む

写真20　35年前の「個人総合」の様子

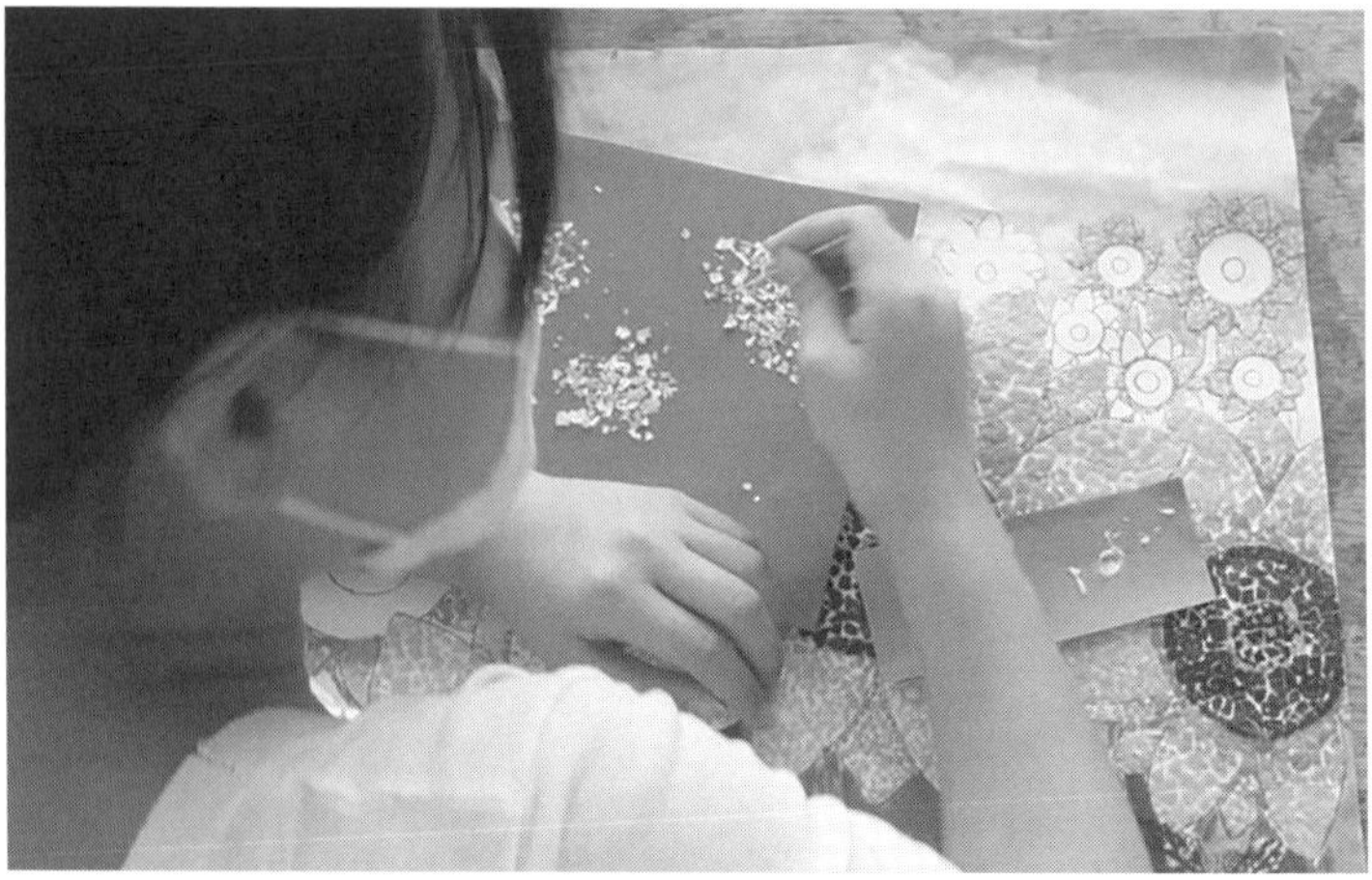

写真21　卵の殻でアート

造形活動も多く、［写真21］は、卵の殻に着色して細密な絵を描いている様子です。［写真22］の子は、割りばしを上手に使ってお城をつくっています。

楽器演奏を課題にする子もたくさんいますが、［写真23］の子は琴に挑戦していました。随分と苦戦したようですが、『さくら』のメロディーを弾けるところまで上達したそうです。

音楽関係では、作曲に取り組んだ子もいました。ここでもタブレットを活用して複雑に音を重ねていき、自分だけの世界を創造していきます［写真24］。

教科の発展学習を選択する子も、かなりの割合でいます。［写真25］は、実験装置を自作し、条件を変えて野菜の発芽について探究している様子です。

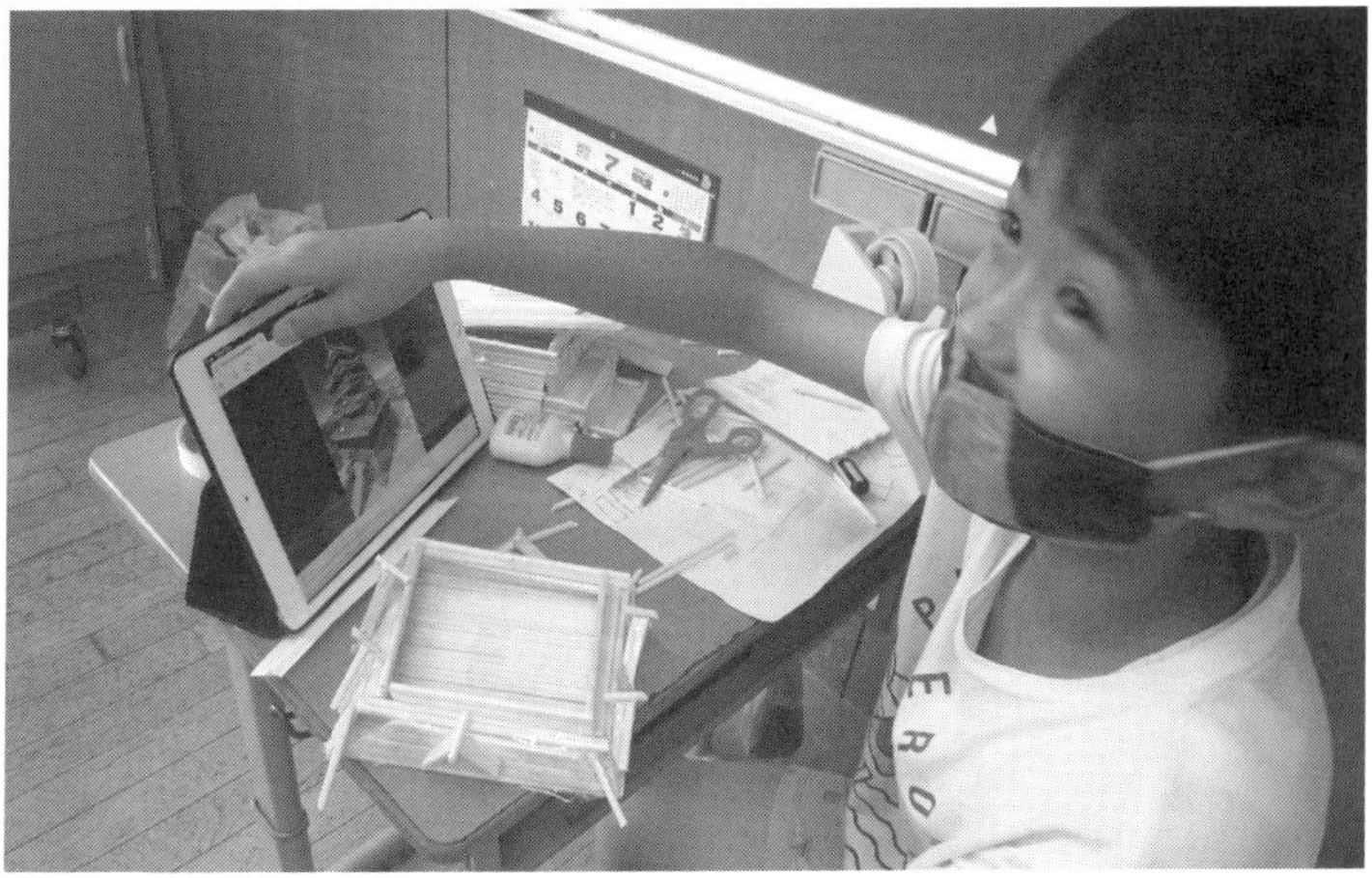

写真22　割りばしでお城づくり

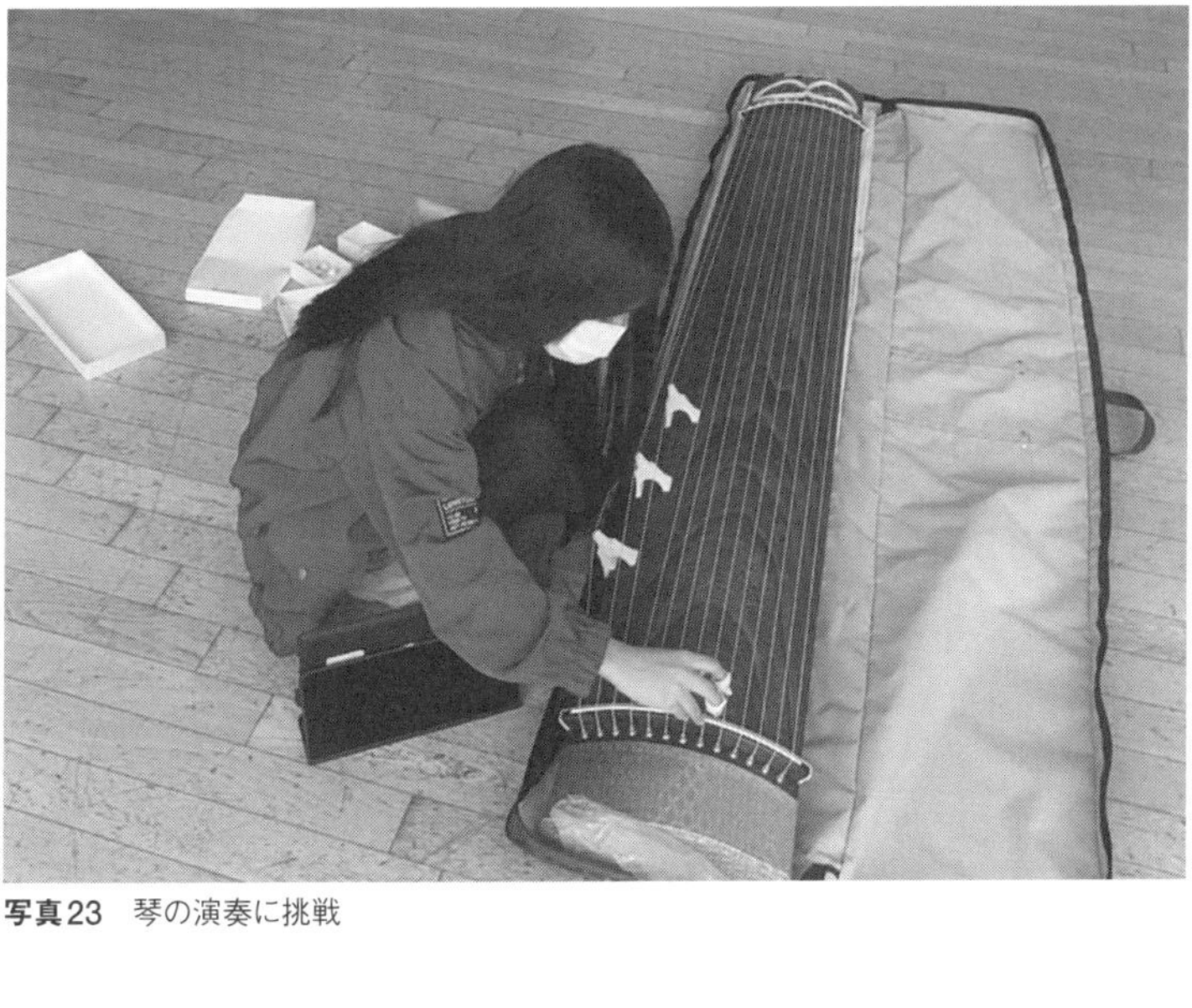

写真23　琴の演奏に挑戦

写真24　タブレットを活用して作曲に挑戦

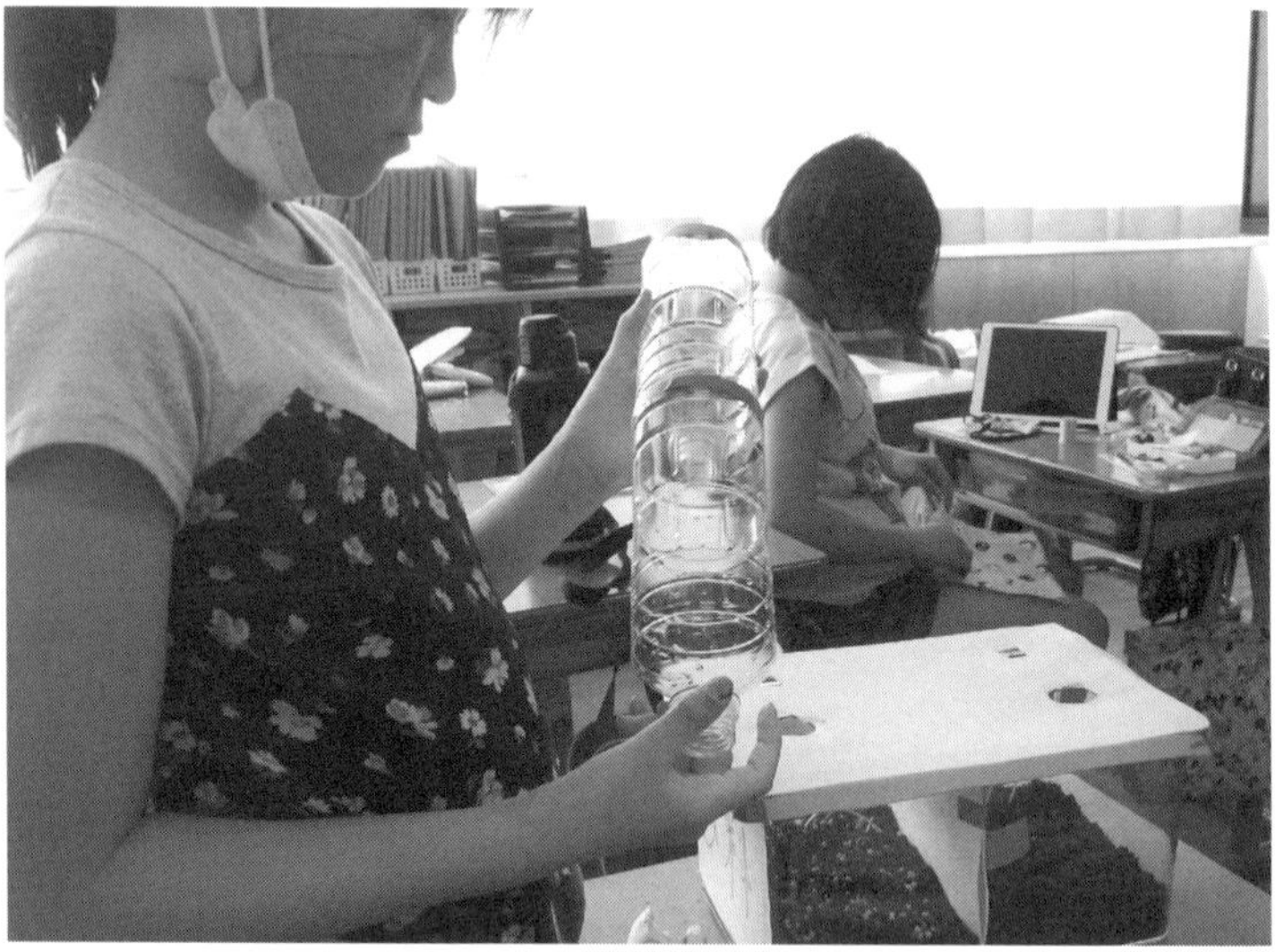

写真25　自作の実験装置で野菜の発芽条件を探究

〔写真26〕は、和室で一人黙々と百人一首に取り組んでいる様子になります。戦国時代の歴史や漢字のなりたちについて、深く探究している子もいました。

このように、子どもたちにとって教科はけっしてつまらないものではありません。ただ、どこに面白さを感じ、何をさらに学びたいかには大きな個人差があります。授業中、子どもの心には「どうしてだろう」「本当かな」「もっと詳しく知りたい」といったさまざまな疑問や興味・関心がわき上がっているのですが、授業は教師のペースで進み、気が付くと次の話題に移っているので、せっかくの疑問や興味・関心も、多くはそのままたち切れになってしまうのです。「フリースタイルプロジェクト」のような学習は、その多様性を保障することで、結果的により多くの子どもが教科の本質へと肉薄するのを支えてきました。

その他にも、「英語の絵本づくり」「医師の仕事を知り、心肺蘇生法を身に付ける」「世界の名言の意味を調べ、オリジナル冊子を作る」「自分が行きたいと思

写真26　和室で百人一首に取り組む

写真27　先生も各自のプロジェクトに挑戦

う高校を探す」など、その子ならではのユニークな課題がたくさんありました。子どもたちの興味・関心がいかに多岐にわたるかを、よく物語っています。

概要にもあるとおり、先生たちも各自のプロジェクトに取り組みます。[写真27]は、マスキングテープでゴッホの絵を再現している様子です。こうして取り組んでいると、自らの課題に集中している子どもたちの気持ちがよくわかるといいます。

以上見てきたように、「フリースタイルプロジェクト」は、すべてを子どもに返すことをモットーにしていますが、ならば、その立ち上げも子どもたちを中心に進めるべきではないか。天童中部小の先生方はこのように考え、二〇二一年六月の立ち上げに際し、その実施体制など

写真28　「フリースタイルプロジェクト」について話し合う6年生の学年集会

運営の多くを六年生の創意に委ねました。［**写真28**］は、「フリースタイルプロジェクト」の運営について話し合っている六年生の学年集会の様子です。教師ですら経験のないことを子どもに任せるわけですから随分と大胆なことをしたものですが、子どもたちはこれに応え、「フリースタイルプロジェクト」という名称はもとより、活動を実施する場所の割り振りやコロナ対応などの難問も、すべて子どもたちの話し合いの中で決定し、解決していったのです。

集中して課題に挑戦する子どもたちのひたむきな姿の背後には、この時間を生み出したのは自分たちであるという強い自負、そして、だからこそ充実した時間にしたいとの熱い思いがあるのかもしれません。

子どもが学び育つということ

「自学・自習」「マイプラン学習」「フリースタイルプロジェクト」という、子どもが自立的に学び進める三種類の学習について見てきました。いずれもがユニークな取組で、それぞれに特徴的な子どもの姿が数多く認められますが、時数的にはけっして多くはありません。「自学・自習」の実施状況は学年やクラスによりまちまちですが、年間一〇〇～一五〇時間程度です。「マイプラン学習」は各学期に一回から二回実施されており、一つの単元が八～一〇時間程度の二教科同時進行が基本なので、年間で五〇～八〇時間程度になりますが、一年生は二学期からのスタートのため、四〇時間前後です。「フリースタイルプロジェクト」は先に述べたとおり、四年生以上で年間四〇時間になります。

これらをトータルすると、一年生で一四〇～一六〇時間程度、二年生と三年生で一五〇～二〇〇時間程度、四年生以上で一九〇～二七〇時間程度が、子どもたちが自立的に学び進める学習になっているという計算になります。これは、各学年の総授業時数の一六～二七％に当たり、教師が前に立たない授業が一定の割合で安定的に実施されていることがわかります。

もちろん、それでも残る約八割は天童中部小が「仲間と教師で創る授業」と呼ぶ、教師が指導する通常の授業になりますが、学校における学びの二割が大きく変化することの意味は、予想以上に大きかったようです。

たとえば、ゲストを招いてお話をうかがう際などにも、子どもたちからの質問が次から次へと飛び出し、さらに時間切れになってからも、子どもたちがゲストを囲んで長く熱心な話し合いが続くといったことが、ごく普通の景色になってきています。子どもたちにとって、学びは与えられるものではなく、自分たちから求めるものになっているのです。

さらに、自らの意思と力で自立的に学び進める経験は、子どもたちの学びの質や学びへの構えだけでなく、学校生活に関する意識をも徐々に変えていったようです。

校内でのオンライン配信となった、一学期の終業式の前日のことでした。子どもたちが校長室にやってきて「明日の終業式のお手伝いをしましょうか」と申し出たといいます。しかも、小脇にパソコンを抱えてきた子がいて、校長との相談の様子を手際よく記録に取っていたそうです。かくして、終業式の準備や運営はすべて子どもたちの手で進められ【写真29】、終了後の片付けもあっという間に完了しました【写真30】。

子どもたちが学び育つとは、まさにこのような姿として思いがけず立ち現れてくるのでしょう。文字どおりの、「身に付いた力」なのだと思います。

そしてこれには、［図1］の研究構想図にも明記された、子どもと内容に関する深い「理解」と、子どもたちの学びの文脈に沿って授業を展開する「覚悟」を、天童中部小が一貫して大切にしてきたことが深く関係しています。第三章からは、教育学や心理学の知見も交えながら、その意味について考えたいと思います。

（1）川崎市立川崎小学校「共通した学び方が生み出す学校文化」奈須正裕編『ポスト・コロナショックの授業づくり』東洋館出版社、二〇二〇年、二一二-二一九頁。
（2）森勇介「『見方・考え方』を生かして軽重をつける～『少なく学んで大きく生かす』ための指導の工夫～」奈須正裕編『ポスト・コロナショックの授業づくり』（東洋館出版社、二〇二〇年、一一四-一二二頁）の例示と分析を参考にした。
（3）OECD 2019 *OECD Future of Education and Skills 2030, OECD Learning Compass 2030*, A Series of Concept Notes
https://www.oecd.org/education/2030-project/contact/OECD_Learning_Compass_2030_Concept_Note_Series.pdf（最終アクセス二〇二一年一一月四日）
（4）愛知県東浦町立緒川小学校『個性化教育へのアプローチ』明治図書出版、一九八三年。
（5）同書、九〇頁。
（6）加藤幸次「指導の個別化・学習の個性化」『個性化教育読本』教育開発研究所、一九九〇年、三六-四二頁。

写真29　子どもたちが運営するオンライン終業式

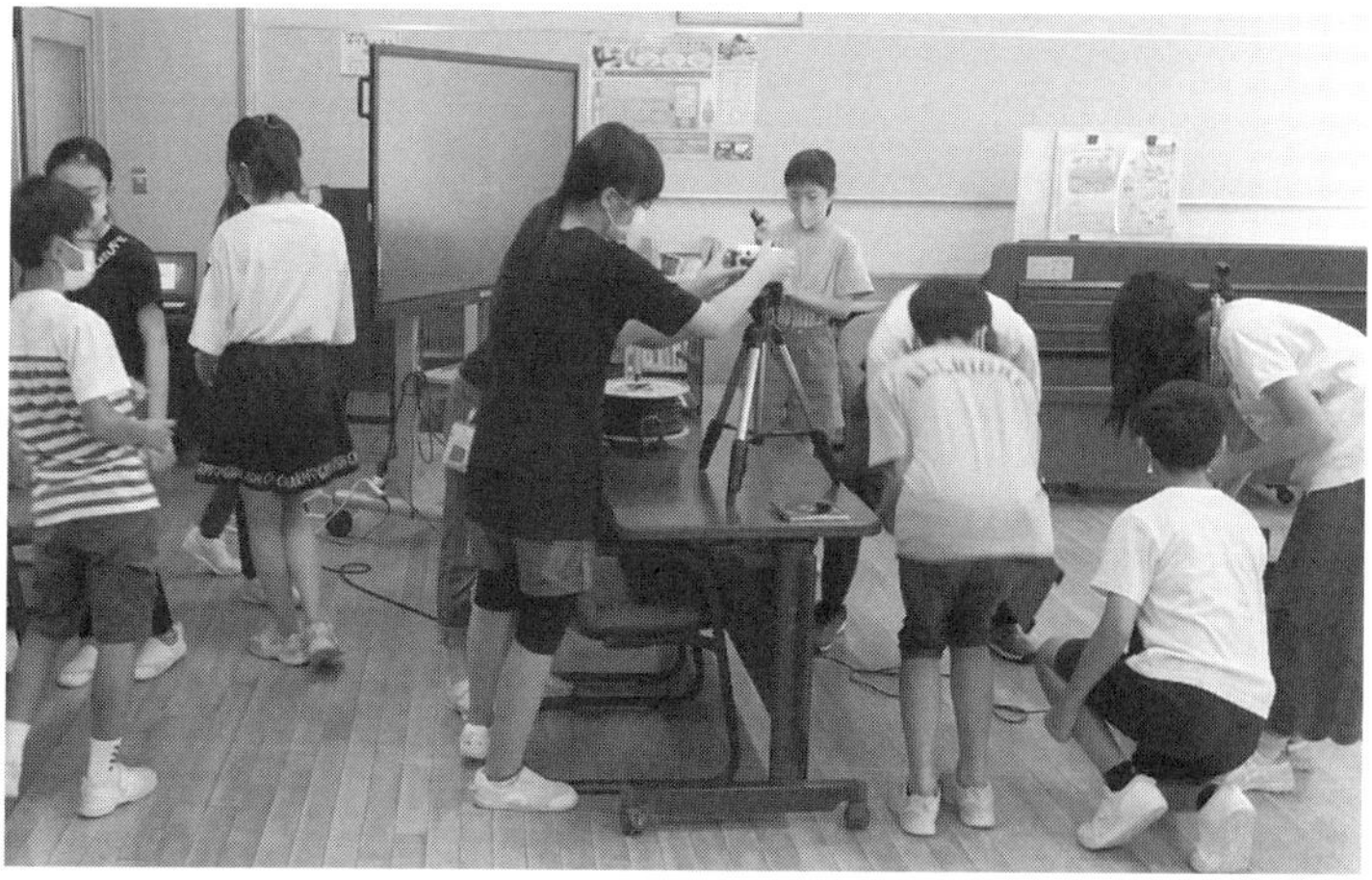

写真30　片付けもすべて子どもたちの手で

衣替え。暑くなってきたけれどマスクはまだまだはずせない・・・

第3章

近代学校の子ども観とその問い直し

近代学校の誕生

一斉指導は近代の発明品

第二章では、天童中部小の実践を手がかりに、個別最適な学びと協働的な学びの一体的な充実のあり方について考えました。学習形態的には「マイプラン学習」と「フリースタイルプロジェクト」が個別最適な学び、「自学・自習」が協働的な学びになります。また、三つの学びすべてが、黒板の前に立つ教師によってではなく、子どもたちの意思と力により自立的に進められるという点では共通していました。随分と斬新に思われたかもしれませんが、ご覧いただいたとおり、「理解」と「覚悟」に基づき生み出された学習環境や支援の下で子どもたちが見せる姿は、どれも実に自然で無理のないものです。

それでもなお「子どもが自主的に学ぶのは結構だが、教師が教えた方が効率的に学べるのではないか」「子どもに任せっきりにすると、大人が見ていないところでは遊んでしまうに違いない」「せっかく多様な子どもたちを教室に集めているのに、それを解体・分断して個別的に学ぶなんて不自然だ」といった疑問の声が上がるのではないでしょうか。そしてその背後には、学級を基盤とした教師による一斉指導こそが、学校における学習指導の自然なあり方であり本来の姿であるとの強固な信念が見え隠れしています。

しかし、それは本当でしょうか。このことを確かめるには、一斉指導の歴史を振り返る必要があります。結論から言えば、学級やそれを基盤とした一斉指導は自然発生的に生まれたものではなく、明確な意図の下、近代という時代に「発明」されました。

寺子屋など近代以前の教育機関では、たとえ大勢の子どもが一つの部屋に居合わせても学習は個別的に進められ、教材も一人ひとり違っていたのです。ほとんどの時間、子どもたちは師匠がその子のために準備した教材を各自のペースで自習していて、それを一人ひとり順番に師匠が呼んでは、少しの時間、個別に指導するのが基本でした。

ルソーの『エミール』やロックの『教育論』など教育学の古典的名著も、家庭教師としてどう指導するかを前提に書かれています。洋の東西を問わず、長年にわたり子どもの教育は個別での学習や指導が中心だったのです。

家庭教師のようなマンツーマンでの指導は、その子のペース、知識や思考の状態、意欲や体調などに徹底して寄り添えるので、子どもから見た学びの効率はほぼ最大になり、無理なく着実に学びを保障できます。認知心理学の研究によると、マンツーマンでの指導では、教室での一斉指導の四倍の速さで同じ水準に達することが知られています[1]。費用的にはとても贅沢な教育方法にはなりますが、ある意味で理想的なやり方なのです。

実際、さほどの指導技術をもたない大学生でも、マンツーマンでなら結構上手に子どもの勉強を見ます。しかし、だからといって彼らに数十人の子どもを相手にさせたなら、けっして同じようにうまくはやれないでしょう。

日本では明治期に当たる近代に入ると、国民すべてに初等教育を施そうという考えが急速に広がってきます。子どもの自己実現を後押ししようといった、殊勝な考えからではありません。近代国民国家を早期に樹立し、富国強兵・殖産興業を推し進めるには、新しい時代が求める知識や行動様式を国民全員に急ぎ身に付けさせる必要があったのです。また、国家有為なすぐれた人材を広く国の隅々から探し出し、登用するのにも好都合でした。かくして、一八七二（明治五）年に学制が発布され、日本の近代学校教育がスタートするのです。

ここで問題になったのが、大勢の子どもにどうやって教育を施すのかでした。個別での指導は子どもの学習効率は高いのですが、一人の教師が面倒を見られる人数にはおのずと限界があり、そのやり方で全国に学校をつくるとなると、どうにも採算が合いません。

そこで採用されたのが、学級集団を相手にした一斉指導でした。学級制度の導入により一度に多くの子ども、それこそ明治期には八〇人の子どもを今と同じ広さの教室にすし詰めにすることで、安価に教育を行えるようになりました。日本に限らず、学級は国民普通教育や就学義務制を支える強力な道具立てだったのです。

このように、学級単位の一斉指導は第一義的に効率、それも子どもの学びの効率ではなく、学校運営の費用効率や教師による指導の効率を求める中で編み出され、広まりました。

もちろん、明治の終わりから大正にかけて、心ある教師の慧眼《けいがん》と草の根の取組により、多様な子どもたちがともに学び育つ場として学級は「発見」されますし、それこそが協働的な学びの原点なのですが、それは学級の「発明」とはまた別の物語になります。

雀の学校

一斉指導は、一八七一（明治四）年に来日したアメリカ人のお雇い外国人教師、マリオン・スコットによって日本に導入されます。スコットはカリフォルニアの学校で使われていた教具類一式を取り寄せ、明治政府が教員養成のために東京に新設した官立師範学校に、カリフォルニアの教室をそのまま再現しました。授業は掛図を中心的な教材とし、あらかじめ決められている一問一答式の問答を繰り返すというもので、問答の内容をそのまま丸ごと復唱し暗記する注入主義的な教育でした。官立師範学校長の諸葛信澄が一八七三（明治六）年に著した『小学教師必携』には、以下のような問答が例示されています(2)（改行など筆者補足）。

問い：筆ハ、何ノ用タル物ナリヤ
答え：字ヲ書キ、又ハ画ヲ寫ス道具ナリ
問い：此レハ、如何ナル品物ヲ以テ作ラルヽヤ
答え：穂ニハ、多ク獣毛ヲ用ヰ、柄ニハ、多ク竹、又ハ木ヲ用ウルナリ
問い：西洋諸國ニモ、此筆ヲ用ウルヤ
答え：否、此筆ハ、日本、及ビ支那ノミニテ用ウルモノナリ

実際の教室の様子については、やはり一八七三年に書かれた『師範学校小学教授法〔正〕』に、次のように記されています［図1］(3)。

図の如く教ふる図を正面に掛け教師鞭を以て図の中の一品を指し生徒に向ひ一人ツヽ読ましむ　一同読み終わらば再び一列同音に読ましむるなり

まったくもって、童謡『雀《すずめ》の学校』の歌詞そのものです。

雀の学校の　先生は
鞭を振り振り　チイパッパ
生徒の雀は　輪になって
お口をそろえて　チイパッパ
まだまだいけない　チイパッパ
も一度一緒に　チイパッパ

今日の感覚では、そんなことで教育になるのかと誰しもが怪訝《けげん》に思うでしょう。しかし、残念ながら、これこそが一斉指導の出発点でした。

もちろん、一五〇年の時を経て、今日では一斉指導も大いに改善されています。丸暗記でよしとするなどということはなく、深い意味理解や納得を目指していますし、協働的な学びの要素を含むことがごく当たり前にもなっているでしょう。

しかしその一方で、黒板に書かれた今日のめあてを教師の「さん、はいっ」という掛け声の下、クラス全員で声をそろえて読み上げる、もしそろわなかったならもう一度最初からやり直させるといったことも引き続き行われています。多分、ほとんどの教師はその理由や意義を考えることなく、一種の習い性や儀式としてやっているでしょう。しかし、それは「雀

図1　明治初期の授業の様子

（土方幸勝編、田中義廉・諸葛信澄『師範学校小学教授法〔正〕』甘泉堂、1873年）

の学校」以外の何物でもありません。そして、一糸乱れぬ大きな声でめあてを読み上げる子どもたちの姿にご満悦な先生の表情を見るにつけ、根の深い部分では今もなお日本の学校は「雀の学校」の域を脱していないのではないかと不安になるのです。

モデルとしての軍隊と工場

私たちの学校は、近代学校として明治期に生まれました。それは、各地方の方言を話していた人々に標準語の習得を強要することを典型として、国家の都合で人々の生活や行動様式を、さらには思想や信条までをも改造してきました。近代学校は近代という特殊な時代、産業革命と市民革命を経て形成された国民、その運命共同体としての国民国家が世界中で経済的・軍事的覇権を争い、植民地をつくり、それを奪い合い、ついには二度にわたる世界大戦を引き起こした時代に、それを下支えすべく生まれた社会装置の一種にほかなりません。

そんなことは遠い昔の話で、今はもう関係ないという認識は誤りであり、危険ですらあります。かつての残滓《ざんし》は、今も学校の中にいくらも残っているのです。

たとえば制服。数こそ減りましたが、今日でも男子の詰め襟、女子のセーラーは健在でしょう。詰め襟は海軍の士官クラスの軍服、七つボタンなら予科練です。セーラーはその名のとおり海軍の水兵、つまり下級の戦闘員が着用した軍服が起源です。それらを幼い子どもたちに着せようという感覚は、そろそろ問い直されてもいいでしょう。加えて、同じ軍服にルーツをもちつつ、男女の間に厳然たる階級的隔たりがある点も大いに気になります。

教室が横一文字に並ぶ様子がハモニカの吸い口に似ていることから「ハモニカ校舎」と呼ばれる伝統的な校舎のたたずまいは、兵舎を原型としています。子どもたちは小学校に上がるやいなや、軍服を着せられ、兵舎に住まわされたのです。

富国強兵・殖産興業という目的の下に誕生した近代学校が、そのモデルを軍隊と工場に求めたのは当然のことでした。工場モデルによる学校教育の理解と創造は、「社会的効率主義」

の立場に立つフランクリン・ボビットにその典型的な姿を見ることができます。ボビットは、学校を工場の生産ラインになぞらえました。子どもは「原料」、教育目標となる「理想の大人」は「完成された製品」として描かれ、教師は「作業員」、校長は「経営者」と表現されます。そして、「原料」たる子どもから品質の高い「製品」（教育結果）に至る過程をいかに合理化し効率化するかが、「教育エンジニア」たる教師の中心課題とされました[4]。

工場モデルは、学校に流れる時間の均質性や画一性にも反映されています。人々が時刻を意識し、ついにはそれに縛られて暮らすようになるのは、鉄道の実用化が発端です。それ以前、人々は太陽の動きに合わせ、夏と冬では大いに異なる時間を生きていました。学校は、近代がもたらしたこの新しい生活様式を子どもに訓練する場として期待されたのです。

批判と改革の動き

新教育運動の二つの原理

そんな近代学校に対し、すべての子どもに基本的人権としての学習権や発達権を全面的に保障しようとする立場から、批判と改革の動きが生じてきます。その最大のものが、一八八〇年代から一九三〇年代にかけて各国において「草の根」で展開し、ついには国際的な連帯にまで発展した新教育運動です。

その中心人物であったデューイは、旧来の教育を「子どもたちの態度の受動性、子どもたちの機械的な集団化、カリキュラムと教育方法が画一的である[5]」ことによって特徴づけられるとし、さらに、その重力の「中心は、教師、教科書、その他どこであろうともかまわないが、とにかく子ども自身の直接の本能と活動以外のところにある[6]」と批判しました。

そして、新教育の登場という「今日わたしたちの教育に到来しつつある変化は、重力の中心の移動にほかならない。それはコペルニクスによって天体の中心が、地球から太陽に移されたときのそれに匹敵するほどの変革であり革命である。このたびは子どもが太陽となり、その周囲を教育の様々な装置が回転することになる。子どもが中心となり、その周りに教育についての装置が組織されることになるのである」[7]と宣言します。

新教育運動の中では世界各地で実に多様な実践が試みられましたが、教育方法的に検討するならば、旧教育の何を批判し、どのような方策によって乗り越えようとしたかを巡って、そこには主に二つの原理が存在していたと解釈できます。

一つは、書物中心の暗記主義を批判し、子どもたちが主体的・協働的によりよい生活を創造しようとする中で、現実的で問題解決的な学習の実現を目指すという原理です。ペスタロッチの生活教育を引き継ぎ、さらなる洗練・拡充を意図した動きで、日本では戦後の初期社会科やコア・カリキュラムを経て、今日の生活科、総合的な学習の時間へと連なっています。社会に開かれた教育課程、教科等横断的な視点に立ったカリキュラム・マネジメント、探究の重視といった近年の動向も、この第一の原理と親和性が高いと言っていいでしょう。

今一つは、一斉画一的、没個性的なあり方を批判し、一人ひとりの子どもの興味・関心、必要感に根ざした個別的で個性的な学習の機会を保障しようとの原理です。この原理とそれに基づく実践が個に応じた指導、そして個別最適な学びと深く関わっています。

自由で民主的な教育を求めて

　第二の原理を代表する実践としては、ヘレン・パーカーストが創始したアメリカのドルトン・プランが有名ですが、ここではそのパーカーストが来日した際、あまりの先進性と徹底ぶりに驚いたとの逸話を残した、奈良女子高等師範学校附属小学校（現在の奈良女子大学附属小学校）の取組を見たいと思います。

　同校の実践としては、一九二〇（大正九）年に開始された「合科学習」が、日本における本格的な総合学習の草分けとして知られていますが、実は同年より毎日第一校時を「特設学習時間」とし、子ども一人ひとりの興味・関心や必要感に基づく自由で個別的な学習を展開してもいました。つまり、新教育運動の二つの原理に基づく改革に、すでにしっかりと取り組んでいたことになります。

　特設学習時間の位置づけについて、同校主事の木下竹次は『学習原論』の中で「この時間は各学習者が純個人関係に立って独自学習を為すことを本体とする。分団学習を行なうことは変則としたい。学習者はこの時間は独自に材料と場所と用具と指導者とを選定して学習する」[8]と述べています。分団学習とは小集団学習のことですから、特設学習時間では、あくまでも個人での探究が強く要請されていたことになります。

また、そのような状況下ですべての子どもに価値ある学びが着実に生じるよう「全校の教師は各学科教室または運動場、学習園等に出て、自分の許に集合する各学年の生徒を個人的に指導する。時には分団的に指導することはあるがそれは変則だ。各学科教室が研究室と図書室を兼ねておればはなはだ便利が多い。時には生徒は教師の間接指導の下に教師を離れて学習する時もある(9)」とし、今日でいう全校ティーム・ティーチングによる手厚い指導体制の下、豊かに整えられた学習環境との相互作用の中で、一人ひとりの子どもが主体的、個性的に学びを創造していくことが目指されていました。

すでにお気付きのとおり、特設学習時間は、天童中部小の「フリースタイルプロジェクト」と同様の取組になります。いわゆる「個人総合」として、今日ではどこの学校でも実施可能ですが、それが大正期の日本ですでに独自に実践されていたという事実には大いに驚かされます。ちなみに、パーカーストがドルトン・プランの考え方を提唱したのは一九〇八年ですが、実際に小学校を創設したのは一九一九年ですから、太平洋を挟んだ両者の間にはほとんど時差はありません。日本の新教育運動は、けっして遅れてはいませんでした。

それどころか、明治政府による海外からの一斉指導の移入を批判し、寺子屋以来の伝統である個別的な学びの重要性を説いた言説も多数あります。たとえば、熊本県立第一高等女学校長の吉田惟孝は、一九二二（大正一一）年に次のような文章を残しています。

十人十色は、吾等の祖先が経験から帰納した結論である。此の結論に基づいて、寺子屋教育も私塾教育も施されていたように思う。然るに、明治維新は歴史的に発達して来た我が国の教育を全く破壊し、欧米の学校教育法を採用して学級教授を行った。[10]

子ども中心の学校改革はヨーロッパでも盛り上がりを見せていて、ドイツでルドルフ・シュタイナーが自由ヴァルドルフ学校を創設したのが一九一九年、イギリスのアレクサンダー・サザーランド・ニイルがサマーヒル・スクールを開校するのが一九二一年ですから、一九世紀末に始まった草の根での動きが、この時期に一気に進んだことがよくわかります。第一次世界大戦が終わったのが一九一八年ですから「もうあんな悲惨なことは二度とごめんだ」という人々の切実な思いが、子どもの教育を自由で民主的なものへと改革する原動力になったに違いありません。人々はようやく、富国強兵を求めて建設した自分たちの学校がもたらした結末の残酷さと不条理さに気付き、本気でその方向転換を図ろうとし始めたのです。

手から手へと受け継がれてきたもの

もっとも、人々の願いもむなしく、一九二九年の大恐慌を引き金とした経済の低迷と政治の混乱はファシズムの台頭を招き、世界は再度の全面戦争へと突入していきます。そんな中で、ようやく動きだした自由で民主的な教育は次々と圧殺されていきました。

しかし、すべてが消え去ったわけではなく、どんな時代にもどんな場所にも、子どもたちの学習権・発達権の全面的な保障を大切に考える人々は必ずいました。教育の理想とそれを実現する方法は、そういった人々の手から手へと、世代を超えて受け継がれていったのです。だからこそ、第二次世界大戦が終わるとすぐに、日本も含めた世界各国で、新教育運動と軌を一にした教育は再び花を咲かせました。たとえば、戦後日本の出発点である一九四七（昭和二二）年の「学習指導要領　一般編（試案）」には、次のように記されています。

これまでの教育では、その内容を中央できめると、それをどんなところでも、どんな児童にも一様にあてはめて行こうとした。だからどうしてもいわゆる画一的になって、教育の実際の場での創意や工夫がなされる余地がなかった。このようなことは、教育の実際にいろいろな不合理をもたらし、教育の生気をそぐようなことになった。たとえば、四月のはじめには、どこでも桜の花のことをおしえるようにきめられたために、あるところでは花はとっくに散ってしまったのに、それをおしえなくてはならないし、あるところではまだつぼみのかたい桜の木をながめながら花のことをおしえなくてはならない、といったようなことさえあった。また都会の児童も、山の中の児童も、そのまわりの状態のちがいなどにおかまいなく同じことを教えられるといった不合理なこともあった。しかもそのようなやり方は、教育の現場で指導にあたる教師の立場を、機械的なものにしてしまって、自分の創意や工夫の力を失わせ、ために教育に生き生きした動きを少なくするようなことになり、時には教師の考えを、あてがわれたことを型どおりにおしえておけばよい、といった気持におとしいれ、ほんとうに生きた指導をしようとする心持を失わせるようなこともあったのである。

もちろん教育に一定の目標があることは事実である。また一つの骨組みに従って行くことを要求されていることも事実である。しかしそういう目標に達するためには、その骨組みに従いながらも、その地域の社会の特性や、学校の施設の実情やさらに児童の特性に応じて、それぞれの現場でそれらの事情にぴったりした内容を考え、その方法を工夫してこそよく行くのであって、ただあてがわれた型のとおりにやるのでは、かえって目的を達するに遠くなるのである。またそういう工夫があってこそ、生きた教師の働きが求められるのであって、型のとおりにやるのなら教師は機械にすぎない。そのために熱意が失われがちになるのは当然といわなければならない。これからの教育が、ほんと

うに民主的な国民を育てあげて行こうとするならば、まずこのような点から改められなくてはなるまい。(11)

七〇年以上も前に書かれたものですが、今もなお私たちが日々の教育実践を構想し実践する上で、よりどころとすべき文章と言えるのではないでしょうか。

とはいえ、一方では戦後も引き続き、軍隊や工場をモデルとした「雀の学校」的教育を望む声も根強くありましたし、今もあり続けています。そのような中、自由で民主的な教育を求める動きは紆余曲折、一進一退を繰り返しながらその後も展開し、今日へと至っています。二〇一七年版学習指導要領や今回の「答申」で提起されたさまざまなこと、そして第二章で紹介した天童中部小の実践とそこに見られる伸びやかな子どもたちの姿もまた、一〇〇年以上にも及ぶ先人のすぐれた知恵とたゆまぬ努力の上に存在するものなのです。

子ども観の問い直し

新教育運動に代表される近代学校への批判と改革の動きは、教育に関わるおよそすべての側面にわたりますが、常にその中心というか基底にあったのは子ども観の問い直しでした。

そこには、少なくとも二つの論点があったように思います。

その第一は、子どもの自立性に関わることで、すべての子どもは生まれながらにして有能な学び手であるというものです。子どもは学ぼうとしているし、学ぶ力をもっています。すべての子どもは、適切な環境と出合いさえすれば、自ら進んで環境に関わり、その相互作用の中で自ら学びを進め、深めていく存在なのです。

このような子ども観に立つならば、まずもって子どもを信頼し、学びに関わるより多くの決定を子どもに委ねるべきでしょう。その上で学校と教師には、個別最適な学びであれ協働的な学びであれ、子どもたちが自立的に学び進められるとともに、展開される学びに十分な広がりや深まりが生じるような豊かな学習環境の整備や場の設定、子どもたちだけでは難しい部分についての適切な支援が求められます。

一方、近代学校が暗黙の前提としてきた子ども観は、これとは正反対なものでした。だからこそ、常に教師が主導権を握り、いちいちの細かな指示や命令の下、過剰に教えようとしてきたのでしょう。今もなお日本の学校に残存する「雀の学校」は、大人が教えない限り子どもは学ばないし、学べないという子ども観からの当然の帰結なのです。

子ども観の問い直しの第二は、子どもの多様性を巡ることで、子どもは一人ひとり違っているし、違っていていいというものです。学習に関わって子どもたちの間に認められる個人差、一人ひとりの子どもに特徴的な現れや要求は、すべてその子ならではのかけがえのなさとして大切にされ、学習の成立や質の向上に資するように扱われるべきです。子どもがうまく学べないとしたら、その原因は子どもにではなく学校や教師の側にあるのです。

このような子ども観に立つならば、まずもって学校を、すべての子どもがそのあるがままの状態で受け入れられ、価値ある存在として尊重されるような場にすることが求められるでしょう。その上で、子どもたちが求める多様な学びの機会を柔軟に提供すること、学習の成立に向けて一人ひとりの子どもを丁寧に見取り、必要に応じて適切な支援をタイミングよく行うことが、学校と教師にとって重要な仕事になってきます。

この点においても、学校を工場になぞらえ、子どもを「原料」と呼んだボビットを典型に、近代学校がその前提としてきた子ども観は大いに異なるものでした。だからこそ、教師が必要だと考えた内容を、教師が準備したたった一つの筋道、教材、形態、速度で一方的に教えてきたのです。また、それでうまく学べなければ、すべては子どもの責任、「原料」の質のわるさとして切り捨て、平然としていられたのでしょう。そこには、基本的人権としての子どもの学習権・発達権の全面的な保障などという考えは微塵《みじん》もなかったのです。

さて、すでにお気付きのように、天童中部小がその実践創造の基盤として大切にしてきた「理解」と「覚悟」は、以上述べてきた自立性と多様性という二つの論点における子ども観の問い直しと軌を一にしています。一対一の関係できれいに対応してはいませんが、あえていうならば多様性が「理解」と、自立性が「覚悟」とそれぞれ密接に関係しています。

まず、子どもの多様性をその子ならではのかけがえのなさとして尊重するには、その子の文脈に寄り添っての共感的理解が不可欠ですが、さらに子どもが取り組んでいる学習内容との関わりで、今現在の姿が生じていることを忘れてはなりません。その意味で、子どもと学習内容の双方に対する深い「理解」、さらに両者を有機的に関連づけて目の前の子どもの事実を見取ることが大切になってきます。天童中部小が「理解」と呼ぶものは、まさにそのような質のものとして整理されています。

また、子どもの自立性、その学ぼうとする意思と学ぶ力を徹底的に信頼するからこそ、教師の敷いたレールに乗せるのではなく、すべての授業を子どもの学びの文脈に沿ったものとすることを目指して、天童中部小の数々の改革は進められてきました。子どもを信頼するというのは言葉では簡単ですが、それを日々の行為として実行する、さらにはカリキュラムまでも変えていくには、並々ならぬ「覚悟」をもつ必要があったのです。このことは新教育運動が展開された一〇〇年前も、そして今もなお変わることはありません。

(1) J・T・ブルーアー著、松田文子・森敏昭監訳『授業が変わる―認知心理学と教育実践が手を結ぶとき―』北大路書房、一九九七年、一〇三頁。

(2) 諸葛信澄『小学教師必携』烟雨楼、一八七三年(国立教育政策研究所 教育図書館 貴重資料デジタルコレクション)
https://www.nier.go.jp/library/rarebooks/teaching/375-387/(最終アクセス二〇二一年一二月四日)

(3) 土方幸勝編、田中義廉・諸葛信澄『師範学校小学教授法〔正〕』甘泉堂、一八七三年(国立国会図書館デジタルコレクション)
https://dl.ndl.go.jp/info:ndljp/pid/810199(最終アクセス二〇二一年一二月四日)

(4) 佐藤学『米国カリキュラム改造史研究―単元学習の創造―』東京大学出版会、一九九〇年、七八‐七九頁。

(5) ジョン・デューイ著、市村尚久訳『学校と社会・子どもとカリキュラム』講談社学術文庫、一九九八年、九五頁。

(6) 同書、九六頁。

(7) 同書、九六頁。

(8) 木下竹次『学習原論』中野光編『世界教育学選集64』明治図書出版、一九七二年、二七〇頁。

(9) 同書、二七〇‐二七一頁。

(10) 吉田惟孝『最も新しい自学の試み ダルトン式教育の研究』厚生閣、一九二三年、二頁。

(11) 文部省「序論」『学習指導要領 一般編(試案)』一九四七年(国立教育政策研究所 教育研究情報データベース)
https://erid.nier.go.jp/files/COFS/s22ej/index.htm(最終アクセス二〇二一年一二月四日)

夏空の下にかけだして［フリースタイルプロジェクト］

第4章

すべての子どもは有能な学び手

子どもは学ぼうとしている

それは特殊な出来事なのか

第三章で見たように、近代学校に対する批判と改革の動きの中で、自立性と多様性という二つの論点において子ども観の問い直しが行われました。本章ではまず、自立性を巡る問い直し、すべての子どもは生まれながらにして有能な学び手であるという命題の真意とその実践的な意味について、さらに考えたいと思います。

子どもは学ぼうとしているし、学ぶ力ももっているということに関しては、伸びやかに学ぶ天童中部小の子どもたちの事実が何よりの証左と言えるでしょう。子どもたちだけで協働的な学びを展開する「自学・自習」、単元の学習内容をまるごと自分らしく学び深める「マイプラン学習」、さらに何を学ぶかからすべて自分で構想、計画、実行する「フリースタイルプロジェクト」で子どもが見せる姿は、すべての子どもが有能な学び手であるからこそ現れるものに違いありません。

それでもなお、今一つ実感がわかない、確信がもてないという人もいるでしょう。天童中部小のようなユニークな実践だからこそ現れた特殊な姿ではないか、という疑問をおもちの方もいるかもしれません。特別な学校だから、優秀な子どもだからという、よくある物言いです。正直、私は聞き飽きましたし、そんなに子どものことを信用できないのか、期待していないのかと残念な気持ちにもなりますが、そういう声にも応えるべく、本章ではごく一般的な授業の様子やそこでの子どもの姿を通して考えてみたいと思います。

自分に引きつけて学ぶ

一年生国語科「たぬきのじてんしゃ」の授業。たぬきの子どもが大きなしっぽを車輪でひかないようにと口にくわえて自転車に乗る、何とも愉快で愛らしいお話です。

今日、子どもたちは、はじめてこのお話と出合いました。何度か読んだ後、先生が「わからない言葉はありませんか」と尋ねます。すると、一人の子が「『しゃりん』がわからない」と訴えました。ならばと、友達が教科書の挿絵を使って説明します。

ところが、ある女の子が「それは『しゃりん』じゃなくて『タイヤ』でしょ」と言いだしたのです。思いがけない展開に「この黒いところは『タイヤ』だけど、『タイヤ』も含めた全部は『しゃりん』じゃない？」と先生が応じますが、女の子はがんとして受け付けません。

「そうじゃなくて、『タイヤ』の横についている、小さいのが『しゃりん』」

これで合点がいきました。女の子は補助輪のことを話していたのです。

「なるほどね。それもたしかに『しゃりん』だけど、でもこの絵にはあなたの言う、横についている小さい『しゃりん』はないようだけど」

たしかに、教科書の挿絵に補助輪はありません。しかし、女の子は自信満々です。

「この絵にはないけどね。本当は『しゃりん』がついてるの。絵を描いた人が忘れちゃったのかなあ。困るなあ、もう」

不思議なことを言うものだ。そう先生は思いながら、さらに尋ねます。

「どうしてあなたは、絵にはなくても本当は小さい『しゃりん』があるって思うの？」

「だって『たぬきのこどもは、ながいあいだのゆめがかなって、あかいじてんしゃをかってもらいました』って教科書に書いてあるでしょ。そうやって子どもが買ってもらったはじめての自転車にはね、必ず『しゃりん』がついてるんだよ」

そして、満面の笑顔で誇らしげにこう続けたのです。

「でもね、私の自転車には、今はもう『しゃりん』はついてないけどね」
この子は自分のかつての経験になぞらえて、お話を読んでいたのです。補助輪がついたピカピカの自転車が家にやってきた日の高揚感、毎日懸命に練習して乗れるようになった時の喜び、たぬきのようにしっぽこそひかなかったものの、転んで痛い思いもしたでしょう。

そういった経験と感情のすべてを、お話を読みながら懐かしく思い出すとともに、補助輪を必要としなくなった今の自分をうれしく誇らしく感じているのです。そして、かつての自分を見る思いで、たぬきの子どものがんばりを、やさしくいとおしい気持ちで応援しているに違いありません。

これが一年生一学期の出来事だったことから、子どもは本来、どんな教材でも自分に引きつけ、自分ごととして対象に肉薄しながら学ぼうとするのではないかと私は考えました。

自分に引きつけるとは、一人ひとりの生活や興味・関心に根ざした具体的で特殊的で個別的な知識や経験、心理学でいうインフォーマルな知識が教室にもち込まれることを意味します。対して、小学校就学とともに始まる教科の学習では、抽象的で一般的で普遍的な、いわゆるフォーマルな知識の習得や洗練を目指すことが多いでしょう。そこでは、個々の子どもが抱える具体的で特殊的で個別的な知識や経験にいちいち拘泥《こうでい》していたのでは、フォーマルな知識の習得などおぼつかないと考えられてきたように思います。

一方、すべてが自分ごとの遊びやくらしの中で生じる「無自覚的な学び」を中心としてきた幼児教育では、むしろその子ならではの具体的で特殊的で個別的な知識や経験を大切にし、それらをこそよりどころとして学びを紡ぎ出そうとしてきました。ここに、幼児教育と小学校教育の圧倒的な違い、いわゆる幼小間の段差の本質があると考えられます。

実際、「導入」の場面では存分に個人的経験を語らせるものの、授業が「展開」の段階へと進んだ途端に「えっ。君の自転車は青いっていうの？　あのね、それはもう関係ないから。みなさんのお話はさっきいろいろと聞きましたけどね。でも今はそうじゃなくて、たぬきさんのことに集中しましょう」と応じる教師は、けっして少数派ではありません。

しかし、それは間違いでした。現に女の子は自分に引きつけたからこそ「ながいあいだのゆめがかなって」という叙述に着目でき、それに即してたぬきが自転車に乗っている情景をありありと思い浮かべられたのです。補助輪がないという点で挿絵との違いはあるものの、先の叙述から「はじめて買ってもらった」というたぬきの境遇を読み取り、そこを拠点に心情に迫ろうとしています。もちろん、これは国語科が育成を目指すど真ん中の学力です。

子どもは本来、自分に引きつけて、つまりインフォーマルな知識や経験を総動員して教材と対決しようとしています。それは学びを損なうどころか、その子が教科の本質へと迫る際のたしかな拠点となる可能性を秘めているのです。

学びを広げる教育的な機転

さて、授業に戻りましょう。女の子の思いを受け止めた先生は、ここでの決着を思いとどまりました。そして、こう言ったのです。

「わかった。じゃあ、これはみんなの宿題にしましょう。今日おうちに帰ったら、自転車のどこを何ていうのか、おうちの人にも聞いて調べてらっしゃい。次の国語の時間に先生が自転車の大きな絵を黒板に貼るから、『しゃりん』だけじゃなくて、他の部分の名前もぜーんぶお勉強しましょう」

こういうのを教育的な機転というのだと、私は思わずうれしくなりました。

きっと子どもたちは、ハンドルやブレーキやペダルのことも調べてくるでしょう。これらはすべて外来語ですから、カタカナ表記が本来です。教科書ではもう少し先ですが、なあに構いません。子どもたちがもち込む学びですから、何とかなるでしょう。

もちろん、翌日の授業では、ハンドルあたりで思いっきりボケるのが得策です。

「えっ。これがハンドルなの？　先生の車にもハンドルはあるけど、あれは丸いよ」

「先生、形が違っててもいいんだよ。ハンドルはハンドルなの」

「そうなの？　ブレーキも違うよ。先生の車についてるのは足で踏むんだけどなあ」

「だから、形が違っててもいいの。ハンドルは向きを変える時に使うし、ブレーキは止まる時に使うでしょ。形は違ってても、そこが同じなら同じ名前なんだよ」
「そうか。形が違っていても、ハンドルは曲がる、ブレーキは止まる。そういった働きや役割が同じなら同じ名前なんだ。ものの名前は形だけじゃなくて、働きや役割で決まることもあるんだね」

形（つくり）と働きに着眼しての説明は、一年生国語科の説明的文章の学習における中核的な内容です。先生はそれを少し先取りして、ここで扱ってみようと構想したのです。

さらに懸案の「しゃりん」は、「タイヤ」と「ホイール」で「しゃりん」になる。これは、言葉や概念の間の集合論的な関係性や階層性について学ぶ絶好の機会になります。そしてこの点を押さえるには、大きな自転車の絵が有効です。

これらはいずれも「たぬきのじてんしゃ」の読解それ自体からは離れますが、一年生国語科で是非とも実現すべき学習内容でしょう。子どもの真摯な学びへの挑戦を契機に、さらに学習を深め広げたい。そのためには予定していた指導事項にとらわれることなく、豊かに学びを生み出すことに教師の意識が開かれていることが大切になってくるのです。

今は何をする時間なのか

やはり、一年生の算数科の授業でのことです。先生が黒板に問題を書きます。

「おりがみが12まいありました。9まいつかいました。のこりはなんまいでしょう」

子どもたちは静かに問題を写しています。教卓の真ん前に座っている一人を除いては。

その一人はというと、それまで心ここにあらずという感じだったのですが、黒板に「おりがみ」という文字が書かれた途端に目の色が変わりました。数秒間、世界が止まったかと思うほど黒板を懸命に凝視し、続いて机の中をごそごそやっていたかと思うと、なんと折り紙を取り出したのです。

板書を終えた先生が振り返るやいなや、その子は待ってましたとばかりに机から身を乗り出し、満面の笑顔で「先生！　折り紙」と、精一杯伸ばした右手で折り紙を差し出します。

胸元に折り紙を突きつけられた先生は一瞬たじろぎこそしましたが、すぐに毅然《きぜん》とした態度で静かにこう言い放ちました。

「今は何をする時間ですか」

そして、再び世界が止まったかと思うほどにポカンとしたままのその子の伸ばした右手から折り紙を受け取り、こう続けたのです。

「これは今、関係ありませんね。先生が預かっておきます」

その手から唯一の学びのよりどころを失ったその子が、再び黒板の問題との間に何らの関係も見いだせないまま四五分を無為に過ごしたのは、言うまでもありません。

きっと、生活科か図画工作科で使ったのでしょう。子どもが机の奥から取り出した本物の折り紙、実生活の文脈の中に屹立《きつりつ》する、子どもにとって意味のある具体物としての折り紙と、算数の問題に登場する折り紙を、先生は事もあろうに「関係ない」と言うのですから、せっかく動きだそうとしたその子の学びが一気に終了になるのは無理もないことです。

先生にとって算数科の問題における折り紙は、現実の折り紙とは関係のない純粋な抽象的観念、イデアとしての折り紙なのでしょう。それが赤いか青いかなんてどうだっていいし、「鶴を折れるようになってうれしかった」といった子どもの思いだって、むしろ邪魔かもしれません。それどころか、別に折り紙でなくても、バナナでも椅子でも何でもいいのです。

大切なのは、12と9という繰り下がりの計算になる数字の組み合わせと「のこりはいくつ」です。折り紙である唯一の意義は、答えを書く時に「まい」と添えるということくらいでしょう。だからこそ「これは今、関係ありませんね」となるのです。しかし、そういった発想でいる限り、どのクラスにもいるこの子のような子どもは、いつまでたってもうまく学べるようにはなりません。

では、たとえば、どうすればよかったのか。子どもが折り紙を差し出した時点に時計の針を巻き戻して、別な選択肢の可能性を考えてみましょう。

「ああ、折り紙ねえ。そうだよね。折り紙だもんね。何枚あるの？　８枚？　そうか、じゃあ先生の折り紙と合わせて、ほら12枚になった。黒板を見てごらん。そう、９枚使うんだね。何を折りたい？　鶴？　折れる？　いいよ、折ってごらん。それから、全部で９枚だから、あと８枚使うんだね。えーと、折り紙折ってみたい人、８人出てきて。はいはい。いいよ。これで８人、全部で９人になったね。じゃあ、好きなのを折って。吉田くんと田中さんは飛行機か、廊下で飛ばしっこしてみる？　鈴木さんはパックンチョ？　面白い動きだねえ。これで９枚使いました。さて、何枚残ったかな」

ここで「本当に折り紙を折るんですか」と驚いているあなたは、12枚折り紙がそろったところで「はい、９枚使いました」と、９枚の折り紙を教卓に移動するつもりではありませんか。気持ちはわかりますが、それでは使ったことになりません。そして、そんな腰の引けた態度、煮え切らない発想こそが、子どもの学びの躍動や発展を押しとどめてきたのです。

だから、事例の子どものように「今は何をする時間ですか」と問われたなら、「折り紙をする時間でしょう？」と、すっかり覚醒した意識と身体で、今こそ応えたいのです。そして廊下に飛び出し、子どもたちと紙飛行機の飛ばしっこに本気で興じたいと思うのです。

その子ならではの学ぼうとしている姿

　子どもは学ぼうとしています。必ずしも教師が期待したり思い描いているような姿や筋道ではないかもしれませんが、教師が提示した教材や内容との間に何とか自分なりの関わりの角度を見いだし、対象に迫る筋道を見つけようと懸命にがんばっているのです。教師には、今その子はどんな角度なり筋道で対象に迫ろうとしているのか、丁寧に見取り、ほかでもないその角度なり筋道から見た場合に必要となる支援を構想し、実施することが望まれます。

　教材研究をすればするほど、この角度、この筋道で学ぶのが子どもにとって最善と思い込みがちですし、多くの子どもにとってそれは真実かもしれません。しかし、中にはその角度がどうもピンとこない、その筋道では歩むのが難しい子どももいます。教師から見ればとんでもない遠回りや険しい道のりに見えるとしても、その子はその筋道でしか学べないのかもしれませんし、その筋道でなら学べるのです。何より、すでに今現在、その子はその筋道で学ぼうとしています。ならば、まずはそれに寄り添うべきでしょうし、長期的に見れば、その方が効率的ですらあることが多いのです。

　お気付きのとおり、すでに話題はもう一つの子ども観の論点である多様性にも関わってきています。自立性と多様性は、理論的には分けて考えることが可能ですし、そうすることで議論を整理することもできます。しかし、実践の具体においては、当然のことながら両者は密接に関わってきますし、それで構いません。子どもは学ぼうとしていると言ってきましたが、それは具体的な子どもがそうしているわけで、そこにはその子ならではの、実に個性的な学ぼうとしている姿が立ち現れてくるのです。教師はそういった現れをとらえ、その意味をその子に即して考察し、まずは寄り添い、ときに必要な支援を行っていけばよいのです。

子どもは学ぶ力をもっている

問題は教材の側にある

子どもは学ぼうとしているというのが真実だとしても、果たして子どもは学ぶ力をもっているのか。そこに不安がある限り、やはり教師が教えなければ学べないのではないか。このように考える人は少なくありません。

学校が宿題として出すような復習やドリルであれば、子どもだけでも難なく進められるということは誰しも納得してくれます。問題は新しい学習内容、とりわけ思考や意味理解、それに基づく概念の獲得を要する内容を子どもだけで学ぶことができるのかです。それが難しいと考えているからこそ、宿題はもとより出張や研究授業で教師が教室を留守にする際、自習の内容はプリントによる復習やドリルで埋め尽くされてきたのでしょう。

このことは、新型コロナウイルスの感染拡大に伴う二〇二〇年三月からの全国一斉休業の時にも、浮かび上がってきました。家庭で学ぶ子どものために学校は教材を作成し提供しましたが、当初は前年度の復習やドリルが中心だったように思います。ところが、休業が長期に及ぶ中で、次第に新しい内容にも取り組まざるを得なくなり、学校は工夫を凝らしたプリントを作成し配布したのですが、うまく学べない子どもが続出したのです。

「いや、だから練習問題のような教材なら子どもだけでもできるんですよ。ところが、教科書や資料を読んで考えたり、工夫して調べたりまとめたり、さらに自分の考えや意見を書くようなプリントになると、できない子どもが続出するんです。やる気がないわけじゃない。聞くと、取り組もうとはしたものの、何をどうすればよいのか見当がつかなかったらしい。やはり、子どもたちだけでは、はじめて学ぶ内容について考えたり理解を深めたりするのは無理なんじゃないですか。このあたりが、子どもの学ぶ力の限界なんでしょう」

休業中の学習を巡って、このように語ってくれた先生は少なくありません。しかし、問題の多くは子どもの学ぶ力の不足にではなく、教師が作成した教材の側に起因しています。「マイプラン学習」のような一人ひとりの子どもが自立的に学ぶ学習では、通常の教材に加え、学習のてびきやガイダンスプリントが準備されていました。これらにより、子どもたちはこの単元で何をどのようなねらいで学ぶのか、何時間くらいで終えればよいのか、過去の学習や日常生活との関わりはどうか、単元終了時には何がどのようにできるようになればよいのか、そのために、どのような学習活動をどのような順序や相互の関係性で展開するのかなど、単元レベルでの自身の学びについて明確な見通しをもつことができます。

いくつかの学校から相談を受け、休業中に先生たちが作成した教材を拝見したところ、学習のてびきやガイダンスプリントに相当する情報が欠落しているのが大半でした。中には、本来であれば単元、すなわち子どもにとって意味のある学習上の「まとまり」(これが単元、元の英語でいうとunitが指し示す意味です)を構成しているはずの一枚一枚のプリントがすっかり孤立しており、相互の関係や流れが読み取りにくいものもかなりありました。

これでは、子どもたちは個々のプリントで問われていることや指示されている作業は理解できても、「なぜここでこの問いに答える必要があるのか」「この作業が単元全体の流れの中でどのような意味をもつのか」を把握できません。いかにやる気があっても、何をどうすればよいのか見当がつかないのは、子どもの学ぶ力の不足にではなく、このような致命的とも言うべき教材側の不備に起因していたのです。

話が見えないという現象

学習や思考は、常に具体的な文脈の中で生じています。「このことを考えなさい」「この作業に取り組んでみましょう」と言われても、その問いなり作業なりが埋め込まれている、より大きな文脈が把握できなければ、人は自分らしく考えることも深く学ぶこともできません。文脈の把握とはどういうことでしょうか。ためしに、次の文章を読んでみてください。

手続きは簡単である。まず、いくつかの山に分ける。量によっては一山でも構わない。設備がなくて別なところに行かなければならないのでなければ、準備は完了である。やりすぎないことが重要だ。短期的にはこのことはさほど重要でないようにみえるが、ここを誤ると高くつく。最初のうちは、全体の手続きは複雑に思えるかもしれないが、すぐに人生のありふれた一部になる。近い将来、この仕事がなくなるかどうかは不明である。それは誰にもわからない。手続きが完了すると、グループごとに適当な場所に整理される。最終的には、それらはもう一度使われ、この手続きが繰り返される。しかし、これは人生の一部である。(1)

構文的にも語彙的にも難しい文章ではありません。なのに、意味が取れないのはどういうわけでしょう。一文一文はわからないでもないのです。しかし、文と文との関係、さらに全体として何を言おうとしているのかが見えてきません。そう、話が見えないのです。これが、文脈が把握できないという現象にほかなりません。文脈が把握できない時、そこにちりばめられた個々の情報は、ほとんど意味をなさないのです。

全国一斉休業の際、単元に対する意識が低く、相互の関係や流れがつかみにくいプリントの束を家庭学習用に手渡された子どもは、まさにこのような状況に置かれていました。それがゆえに、がんばって取り組もうとはしたものの、何をどうすればよいのか皆目見当がつかなかったのでしょう。そしてそれでは、思考や意味理解、それに基づく概念の獲得といった質の学びを生じさせるのは不可能です。

同様のことは、日常の教室でも頻繁に起きています。授業に集中できない子や関係のないことをしている子の中に、毎日、毎時間、話が見えないという経験を強いられている子どもが少なからずいるというイマジネーションは、教師にとって重要です。

さて、話が見えるようにしましょう。この文章のタイトルは「洗濯」です。これを頭に置いて、もう一度読んでみてください。今度は大丈夫、隅から隅まで晴れ渡るように意味が取れたでしょう。「いくつかの山」を「洗濯物の山」、「設備」を「電気洗濯機」として読みましたね。そんなことはどこにも書いていないのですが、「洗濯」という文脈を心に留めると、自然とそういう読みになります。つまり、人は文章を読んだり話を聞いたりする際、何らかの文脈をあらかじめ想定し、時々刻々と入ってくる情報をその文脈でうまく包摂できるか確認しながら、つまり予測を立て、推論と検証を繰り返しながら、そこに全体として一貫性のある意味理解を構築しようとしているのです。

この時、不適切な文脈を想定したり、そもそも何らの文脈も思いつかなかったりすると、当然のことながら正しい理解には至れません。たとえば、先の文章でもタイトルが「フレッシュジュース」であれば、「いくつかの山」は「果物の山」になり、「設備」は「ジューサー」か「ミキサー」になるでしょう。この文章は曖昧さの程度を格別高く設定してあるのでこういうことが容易に起きますが、教室での指示や説明にしたところで、ある程度の曖昧さはつきまといます。さらに、授業の常として、そこで教わること、出合うことは子どもたちにとって新規なことです。文脈が取りづらいのは無理もありません。学習や思考にとって、文脈情報の的確でわかりやすい提供は決定的に重要なことなのです。

情報開示と子どもの学ぶ力

子どもたちが「マイプラン学習」を自力でどんどん学び進められるのは、学習のてびきやガイダンスプリントなどにより、単元の学びを自分らしく計画し実施するのに必要な文脈情報が、わかりやすく的確に提供されているからです。

子どもたちが自分に最適な、また創意工夫に富んだ学習計画を立案するには、十分な情報開示が不可欠になってきます。何がどのように求められるのか、どんな選択肢があるのかがはっきりと示されるからこそ「だったら、私としてはこうしたい」「そういうことなら、今回はここにこだわってみよう」といった、その子ならではの発想が豊かにわいてくるのです。この「だったら」「そういうことなら」という言葉なり感覚が子どもの側からごく自然に飛び出してくるようになれば、実践はかなりうまくいっていると判断していいでしょう。

よく「授業の主役は子どもだ」と言われますが、単元全体の構成はもとより、何時間で学ぶのかといったことさえ、従来の学校は十分に子どもに伝えてきませんでした。主役であるはずの子どもたちが、いわばシナリオである指導案を受け取っていないというのは、考えてみれば随分とおかしなことではないでしょうか。学習のてびきの発想が斬新に見えてしまうこれまでの状況にこそ、問題の深刻さはあります。

子どもが主体的にならないというか、なれないのは、そういった基本的な情報が適切に共有されていないからなのです。それは、どこに行くのか、いつ帰ってくるのかも告げられず乗り物に乗せられ旅に出るミステリー・ツアーのようなもので、そんな状況下で「主体的になれ」「自己発揮せよ」というのは、かなりの無茶ぶりと言っていいでしょう。

したがって、普段の授業でも新しい単元に入る時には、子どもたちと一緒に一度教科書を単元の最後のページまで眺め、どんな内容を学ぶのか、そのためにどんな活動に取り組むのか、最終的には何がどのようにわかったりできたりするようになればよいのか、何時間くらいで学び進める予定なのかといったことを、まずは教師の思い描きとしてはっきりと提示することが望まれます。すると子どもたちから、さまざまな「だったらこうしたい」という意見が、次第に出てくるようになるに違いありません。

子どもがつくるカリキュラム

そしていつかは、子どもたちの手で単元の学習計画を立て、教師に提案するくらいになればいいし、さらには年間の指導計画、つまりカリキュラムを子どもの手で作成できるようになれば、本当に子どもたちに学ぶ力が育ったと言えるでしょう。

「そんなことができるはずがない」と思うかもしれませんが、そうでもないのです。たとえば、奈良女附小では、学習係の子ども数名が中心になり、算数科の一単元の授業をすべて子どもたちで進めることがあるのですが、その一時間目に学習係から、教科書のどこからどこまでを何時間目にどんなふうに進めてはどうかといった、単元の学習計画に関する構想が発表されます。すると、子どもたちは教科書を眺めながら「ここからここまで一時間で進めるのは厳しい気がする」「内容的につながっているから、この問題までやってしまった方がいい」といった意見を出し、それを受けて学習係は計画を練り直します。

また、第八章で実践提案をしてくれる山形市立鈴川小の佐藤卓生先生は、三年生の三学期に子どもたちと一年間の理科学習を振り返り、より楽しく、より学びやすくするにはどうすればよいかという課題の下、各自でカリキュラムをつくり直すという授業をしています(2)。

子どもたちからは「晴れ用と雨用の二本立てのカリキュラムをつくっておく」「他の教科とも関連づけ、たとえば、算数の重さや棒グラフの勉強をはじめにやっておけば、植物の育ち方や実の様子を記録する時に役に立つ」など、大いに納得のいく提案が多数出されました。さらには「理科の勉強の進め方には観察型と仮説検証型があるが、教科書では三年生のはじめから観察型の勉強が続いた。三年生ではじめて理科の勉強をするんだから、どちらの勉強の仕方もはじめのうちにやっておけば、これは仮説を立てて考えた方がよいなとか、これは観察していく中で考えた方がよいなとわかるようになると思う。だから、仮説検証型と観察型の勉強が交互になるようなカリキュラムにした」といった深みのある提案もなされています。

この実践は、学習指導要領や文部科学省の解説まで渡してしまうという徹底した情報開示ぶりが特徴的なのですが、子どもたちは必要に応じてこれらの情報を上手に使いこなしていました。子どもたちの学ぶ力の強靭《きょうじん》さとしなやかさに感心するとともに、情報開示の重要性を思い知らされる取組と言えるでしょう。

「そんなものまで手渡すのか」と驚かれるかと思いますが、大切なのは、子どもを見くびらないこと、子ども扱いしないことです。子どもが要求するならば、どんな情報だって提供すればよいのです。あるいは「こんなものもあるけど、使ってみる?」と、こちらから尋ねてもいいでしょう。教師の側にそのつもりがなくとも、子どもから見て、教師が大切な何かを後ろ手に隠しているような授業では、子どもはけっして本気にはなりません。これもまた、子どもを信用しているか、期待しているかという根本的なことと関わっています。

先の実践でいえば、「観察型」「仮説検証型」といった言葉も教師が手渡したのですが、もちろん、まずはこれらに対応する気付きや思考が子どもの側に立ち現れ、それを使ってさらに深く考えたいという求めの存在に気付いた教師が、ラベルとしてこれらの言葉を教えたのです。また、だからこそ、大人の「こんな難しい言葉を教えて大丈夫なの」といった不安をように、子どもたちは難なく使いこなしていったのでしょう。

このように考えるならば、わかりやすく工夫された学習のてびきを手にした一年生が、何の問題もなく「マイプラン学習」を展開できたのも、至極当たり前のことかもしれません。それこそ幼稚園に行けば、五歳児が今日の自由遊びの時間に、どこで誰と何をして遊ぼうかをしっかりと構想し、そのために家から道具や材料を持ってきたりもします。自分が何をするかを思い描き、そのために準備をしたり、手順を考えたり、先を見通したりするのは、大人が勝手に考えているほど高度な思考作用ではないのでしょう。

子どもは学ぼうとしているし、学ぶ力をもっています。まずはこのことをしっかりと確認することが、すべての授業づくりの出発点となってくるのです。

(1) Bransford, J. D., & Johnson, M. K. 1972 Contextual prerequisites for understanding: Some investigations of comprehension and recall. *Journal of Verbal Learning and Verbal Behavior*, 11, 717-726.

(2) 佐藤卓生「一年間を振り返って3年理科カリキュラムを見直そう」奈須正裕編『教科の本質を見据えたコンピテンシー・ベイスの授業づくりガイドブック―資質・能力を育成する15の実践プラン―』明治図書出版、二〇一七年、九二－九七頁。

もうすぐ夏休み
必要なときは、自然に集まってきて先生と一緒に学びます［マイプラン学習］

第５章

子どもは一人ひとり違っている

一斉指導の何がどう問題なのか

「まだ終わっていない人も鉛筆を置いて」

子ども観の問い直しの第二の論点は、多様性を巡るものです。

子どもたちは一人ひとりさまざまに違っています。この当たり前の事実の意味をあらためて吟味することで、見慣れた教室の景色がすっかり違ったものに見えてくるのです。

たとえば、教室には何事もすばやくやれる速い子と、万事スローモーな遅い子がいます。速い子がすぐれていて、遅い子が劣っているのではありません。大器晩成というように、遅い子はじっくりと深く物事を考え丁寧な仕事をするかもしれませんし、速い子はその分仕事が粗く、早とちりをして失敗を繰り返すかもしれないのです。速いか遅いか自体には優劣はつけられませんし、つけるべきでもないでしょう。

ところが、現状では速い子の方が圧倒的に有利です。これは、一斉指導がその名のとおり、全員に対してたった一つのペースで進められることに起因しています。「真ん中よりちょっと下」のペースで授業を実施することは、学校現場の経験則です。「ちょっと下」という表現が暗示するように、それは能力を想定していますが、現実には能力があっても学習速度の遅い子はペースについていけません。教師は「五分でやってみましょう」と言い、五分後には「まだ終わっていない人も鉛筆を置いて」と活動を途中で打ち切らせてきました。

学習や思考は単なる機械的な作業ではありませんから、一定の時間がんばって取り組めば、それに比例して成果が得られるとは限りません。教師が五分と指定した課題について、七分あればしっかりとした考えがもてる子がいたとしましょう。この子にとって課題に取り組み始めて五分後というタイミングは、ようやく解決の糸口が見えてきて、この後ここのところをこんなふうに考え進めればよさそうだと、少し先に光明が見えてきたあたりでしょうか。しかし、先生の指示により鉛筆を置かざるを得ないとなると、せっかくそれまで進めてきた思考は、残念ながらそこでパタリと止まってしまいます。

それではもったいないし、こんな中途半端な状態では、この後の話し合いで仲間との学び合いに貢献することもできません。そう思って切りのいいところまでもう少し考えようとノートに目を落とし、鉛筆を握ろうとした途端、先生の鋭い声が飛んできます。

「鉛筆を置いて顔を上げなさい。今は話し合う時間です」

そんなことは、子どももよくわかっています。しかし、話し合いへの参加を意味のあるものとするには、自分の考えをしっかりともつ必要があるでしょう。だからこそ、もう少しと思って健気《けなげ》にがんばろうとしているのに、あろうことか、それを教師が制止するのです。

話し合いで活躍するのは、もちろん五分でしっかりと考えをまとめられた子たちです。彼らが優秀なのは間違いありませんが、もう一つたしかなのは、教師が設定した時間内で課題を終えられる速い子だということでしょう。もしかすると、少々ペースが遅いがゆえに話し合いで活躍するチャンスを得られなかった子も、同じくらい優秀かもしれません。その子のペースでじっくりと考えられる時間さえ与えられれば、深い考えや鋭い意見をみんなの前で披露できた可能性があるのです。しかし、教師が決めたたった一つのペースですべてが進んでいく一斉指導の下では、それは常に可能性で終わっていきます。

みんな違って、みんないい

この洞察は一九六三年、ジョン・キャロルによって最初に提起されました[1]。キャロルはまず、誰でも十分な時間さえかければ、どのような学習課題でも達成することができると考えます。そして、教室において現実に生じている学習成立の状況やそこに認められる個人間での差異は、一人ひとりの子どもが必要としていた学習時間に対し、実際に費やされた学習時間が十分であったかどうかに全面的に依存していると指摘しました。

キャロル流に考えれば、話し合いで活躍できる子とできない子の違いは優秀さではなく、それぞれの学びのペース、必要とする学習時間にほかなりません。しかも、タイムリミットをどこに設定するかは教師次第で、そもそも何をもって速い、遅いが決まるのかさえきわめて恣意的であり、そこにどれほどの合理性なり妥当性があるのか、実にあやしいのです。

もっとも、時間切れになった遅い子が、話し合いの中で仲間の考えや意見を聞くことによ り、足りなかった二分の思考に相当する理解や納得を得られることは十分に起こり得ます。かくして、一時間の授業が終わった時には、速い子とほぼ同様の理解や知識を獲得できているかもしれません。むしろ、この点にこそ一斉指導の意義を見いだし、仲間とともに学び合い育ち合えるよさだと主張する人は少なくないでしょう。また、教師としてもそうなるよう、いかにタクトを振るかということに心血を注いでもきました。

しかし、なお疑問は残ります。たしかに、遅い子も速い子と一緒にゴールしたかもしれま せん。しかし、それは駅伝の繰り上げスタートのようなことを何度も繰り返した末のゴールであって、当人にすれば、あまり晴れ晴れとした気持ちにはなれないのではないでしょうか。

それでも、何とかゴールできればまだいいでしょう。より深刻なのは、七分あれば十分に学べる能力をもっている遅い子が、繰り上げスタートにたとえたような、中途半端なまま次の活動へと何度も強制的に向かわされる状況を強いられることにより、結果的にその時間の学びをうまく成立させられない可能性が低くないことです。繰り上げスタートによって自分の足で走ってはいない区間が、たった一時間の授業の中にさえいくつもあって、まだら模様のような学びになっているに違いありません。そんな質や形状の学びでは、いくら仲間が助けてくれたとしても、十分な理解や納得を得るのは至難の業でしょう。かくして、遅い子はその時間「できなかった子」になるのですが、さらなる問題は、そんな日々の累積が、いつしかその子を「できない子」「能力のない子」にすりかえていくことです。

一方、速い子は十分に学習を成立させられます。現状では速い子は「できた子」になり、さらに「できる子」になりやすいのです。しかし、速い子にも悩みはあります。教師が五分と設定したところを、三分でやり終えてしまうからです。速い子はいつも待たされていて、何割かは物足りなさやイライラを感じています。このように、伝統的な教室は急かされる子と待たされる子であふれかえってきました。

その子が必要とする学習時間一つをとっても、これほどの問題があります。しかも、子どもたちはさらにさまざまな面において異なっています。学習の成立や質に影響を及ぼす個人差を「学習適性」と呼びますが、それには学習速度以外にも、学習スタイルや認知スタイル、興味・関心、生活経験などがあります。ところが、一斉指導の多くは、たった一つのペース、たった一つの筋道、たった一つの教材、たった一つの目標で行われてきました。

もちろん、そんな一斉指導も先人たちの努力と工夫により、ある程度までの改善はなされてきています。しかし、子どもたちの間に存在する多様性は、その「ある程度」の範囲をしばしば大きく超えてしまうのです。そうなるともう、個々の教師の努力や善意だけでは、十分な対応は原理的に困難になってくるでしょう。

子どもたちは一人ひとりさまざまに違っています。違っていていいし、違っていることが、その子らしく学びその子らしく育つこと、つまり基本的人権としての学習権・発達権の全面的な保障の基盤となるようにすべきです。少なくとも、違っていることが不利にはたらかないよう、学校と教師は十分な策を講じなければなりません。

以下では、個別最適な学びと協働的な学びのそれぞれの視点から、授業づくりに求められるものについて考えたいと思います。

一人ひとりの子どもの都合とタイミングで学ぶ

何がよい学び方かは学習者によって異なる

子どもたち一人ひとりがもつ多様性が、その子らしく学び育つ基盤となる授業づくりとは、どのような考え方に立って進めていけばよいのでしょうか。

個別最適な学びの視点からまず大切になってくるのは、教師の都合やタイミングで教えるのではなく、一人ひとりの子どもの都合やタイミングで学べるようにすることです。このことの重要性は、従来の教室が急かされる子と待たされる子であふれかえっていたという、一斉指導の問題点に関する先の検討結果からも明らかでしょう。

天童中部小の「フリースタイルプロジェクト」や奈良女附小の「特設学習時間」は、何をどう学び深めるかの一切を子どもの都合とタイミングで決めることができます。一方、「マイプラン学習」は学ぶ内容こそ決まっていましたが、いつ、どこで、誰と、どのように学び進めるか、つまり学習方法に関する大幅な裁量権が子どもに与えられていましたし、裁量権の行使を実質的に保障する豊かな学習環境が整えられていました。

このような行き方を理論的・実証的に裏づける研究には、二つの系譜があります。

第一の系譜は、キャロルが提起した、誰でも十分な時間さえかければ、どのような学習課題でも達成することができるという仮説を典型とするもので、主に子どもの多様性を時間という側面から量的に把握しようとしてきました。

一方、第二の系譜は、学習スタイルや認知スタイルなど、学び方や思考の仕方を巡る質的な違いに注目することで、子どもたちの多様性に応じようとします。

第一の系譜については、すでに前節で吟味しました。また、具体的な方法としても、一人ひとりが自由な進度で学べる「マイプラン学習」などを通して、イメージをもちやすいかと思います。というわけで、ここでは第二の系譜を中心に見ていきます。

「わかりやすい授業、楽しい授業をしたい」というのは、教師ならば誰しもが願うことでしょう。実際、先生たちの間では「どの学び方がもっとも効果的か」がよく話題になります。英語学習における文法中心と会話中心の論争などは、その典型でしょう。

しかし、何がよい学び方かは、学習者によって大きく変化します。ある子にとってのよい

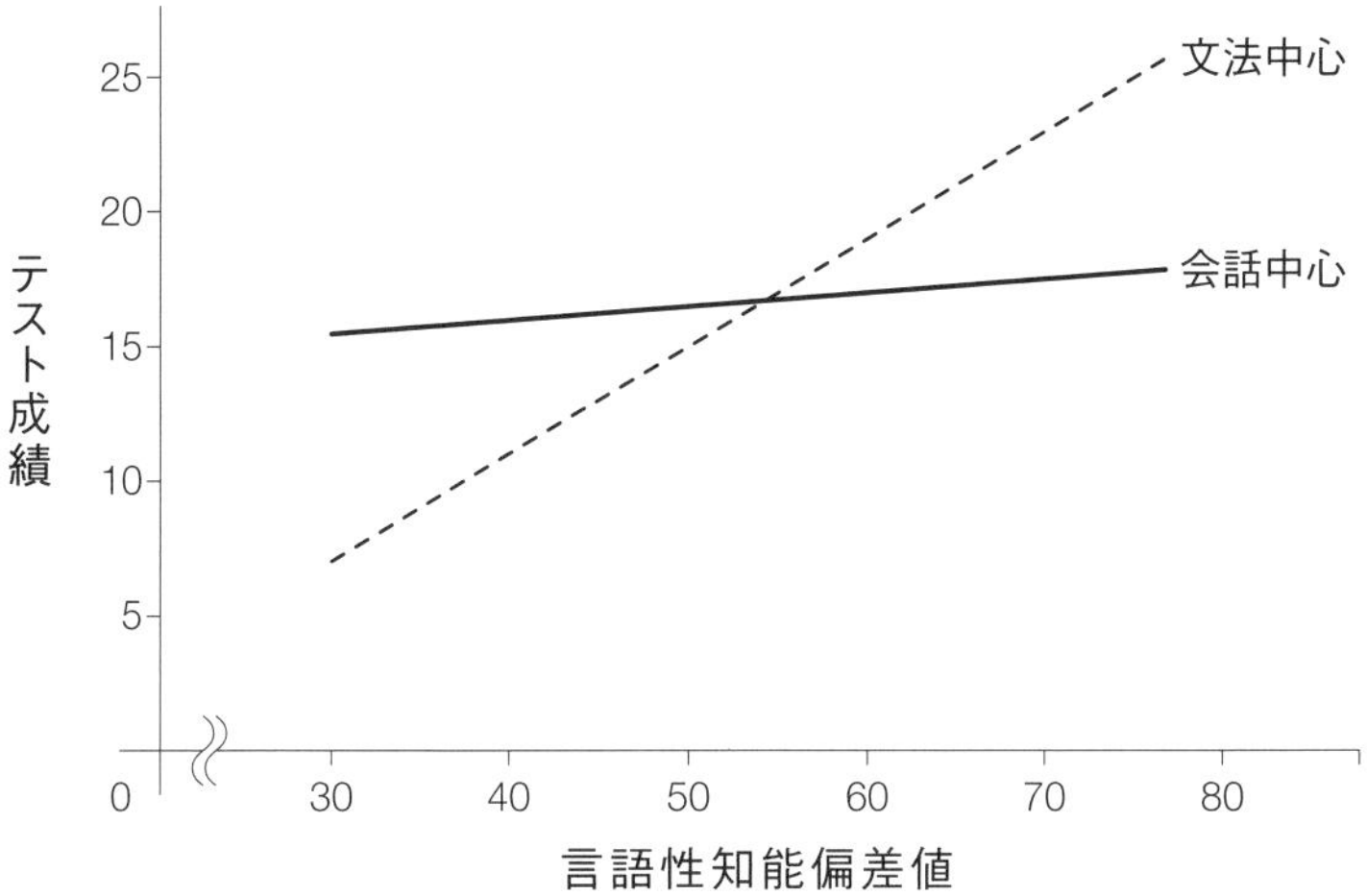

図1　英語教授法におけるATI

（安藤寿康・福永信義・倉八順子・須藤毅・中野隆司・鹿毛雅治「英語教授法の比較研究ーコミュニカティヴ・アプローチと文法的・アプローチー」『教育心理学研究』40巻、1992年、247-256頁に基づき筆者作成）

学び方が、別な子にとってはよくない学び方になる可能性があるのです。

一九五七年、リー・クロンバックは、個人のもつ学習適性によって与えられる処遇（指導法や教材など）の効果が異なる現象をＡＴＩ（Aptitude Treatment Interaction：適性処遇交互作用）と呼びました[2]。たとえば、入門期の英語指導に関して文法中心の指導と会話中心の指導を比較した研究によれば、個人差を考慮せず二つを比較した場合には、ほとんどその効果に差がありませんでした。ところが、言語性知能に関する個人差を学習適性として考慮したところ、言語性知能の高い子たちは文法中心の指導の下でより効果的に学べ、逆に言

語性知能の低い子たちは会話中心の指導の下でよりうまく学べていたのです［図1］。(3)

言語性知能とは、言葉を正確に巧みに操る能力で、国語の学力とも深い関連があります。かつて中学の英語教師は「英語は中学ではじめて学ぶから、全員が同じスタートラインに立っている。誰でも努力次第だ」と言って子どもたちの奮起を促しました。しかし、文法中心のグラフは右肩上がりの大きな傾きを示しています。つまり、文法中心の指導の下では、小学校で国語が苦手だった子たちは、最初から不利な立場に立たされているのです。そうでなければ、学習開始からわずか数か月しかたっていない一学期の中間テストで、子どもたちの出来不出来にあんなにも大きな差が出るはずがありません。

一方、会話中心のグラフには、ほとんど傾きが認められませんでした。これは、会話中心の指導が、言語性知能の影響をあまり受けないことを意味します。実際、文法を中心とした学校での英語学習が苦手だった人が海外で生活し、必要に迫られて英語を話したり聞いたりするうちに上達したというエピソードを聞くことはよくあります。

ならば、会話中心の指導の方がよいのかというと、一概にそうとも言えないのです。会話中心の指導の下では、言語性知能の高い子たちは、その潜在する可能性を十分に実現できません。では、どうすればよいかというと、図の二本のグラフの交点を境にして、言語性知能が高い子には文法中心の指導、低い子には会話中心の指導を提供することにより、すべての子どもがその潜在的可能性を最大限に開花させることができるでしょう。

ＡＴＩは、現状ではうまく学べていない子どもたちも、別な学び方や教材でならうまく学べる可能性があるという視点を提供するとともに、授業づくりに際しては、一人ひとりの学習適性に応じて多様な学び方や教材などの学習環境が豊かに準備され、柔軟に提供されることが望ましいという原理を示しています。うまく学べないのは、その子に「能力がない」からではなく、その子の学習適性に適合した学習環境と出合えていないからなのです。

学び方の得意と学ぶ領域の得意

ここで悩ましいのは、各教科の学習に際して、特定の学び方が暗黙裡に前提とされていたり、標準とされていたりする場合が少なくないことです。

たとえば、一つの科学法則を学ぶにしても、実験や観察を通して具体的な事例を検討し、そこから帰納的に法則を導く筋道と、最初に法則を教え、それが個々の事例にも当てはまることを確認し納得していく演繹的な筋道が考えられます。ところが、理科教育では帰納的な筋道が望ましいとされ、基本的にその学び方で学ぶよう求められてきました。

つまり、帰納的な学び方が得意かどうかが、理科という学ぶ領域の得意・苦手を左右してきた可能性があるのです。もし、演繹的な筋道も許容されれば、これまで理科という領域が苦手だった子どもの何割かは、一転して得意になるかもしれません。

とはいえ、演繹的な学び方で理科という領域が得意になった子どもも、どこかの段階では帰納的な学び方を避けて通れなくなるでしょう。なぜなら、それが理科という領域の重要な特質であり、本質の一部でもあるからです。二〇一七年版学習指導要領で提起された各教科等の特質に応じた「見方・考え方」も、このことと深く関わっています。

興味深いのは、一旦その領域が十分に得意になると、それまであまり得意ではなかった学び方も、次第に何とかできるようになっていくことでしょう。「学ぶ領域の得意」の深まりが足場となり、「学び方の得意」の拡充を促すことがあるのです。かくして、いつまでもしっくりはこないかもしれませんが、帰納的な学び方も必要に応じてできるようになります。その意味でも、学びの入り口ではその子の得意な学び方が幅広く許容されることが大切です。

「大造じいさんとカルガモ」

奈良女附小の五年生のその子は、生き物が大好きな典型的な理科少年でした。国語科の「大造じいさんとガン」の学習に際し、この作品をまずは生物学的に考察しようと思い立ったのは、したがってごく自然なことだったに違いありません。

ところが、いざ調べ始めてみると、さまざまな疑問がわいてきます。まず、二年にわたり大造じいさんはタニシを餌として罠を仕掛けますが、ガンは基本的に草食性で、タニシを食べることはまずありません。また、ガンと戦ったとされるハヤブサは最大翼長120センチの中型の猛禽《もうきん》類で、1・8キログラム以下の獲物を捕獲します。一方、ガンは最大翼長165センチ、体重2キログラム以上にもなる大型の鳥であり、ハヤブサはガンを襲いません。

彼は大いに思案し、ガンと似た水鳥でタニシを食べるという条件には雑食性のカモが該当すること、さらにハヤブサに襲われるという点を勘案すると、カモの中でも小型で雑食性の強いカルガモの可能性が高いとの結論に達し、ノートに次のように記しています。

「大造じいさんとガンで、一番読者の心に残るのは、ハヤブサとガンの戦う場面でしょう。しかし、ハヤブサとガンが大きさ的に戦うわけがなく、きっと、大造じいさんはカルガモをガンと間違えたのでしょう」

こんなふうに思考する子どもは、物語学習が暗黙の前提とする文学的な世界観や学び方になじみにくいように思われます。ところが、彼の学びは違っていました。

椋鳩十の書く話は生物学的に言えばおかしい点もあるが、文学的に読むと、かなりおもしろいです。どうしておもしろいかというと、椋鳩十はすぐれた文章力を持っているからです。椋鳩十の話はいきいきとしていて、命の輝きが感じられます。読者をぐいぐいと話へ引き込んでいく。僕もそんな文章が書きたいと思い、大造じいさんとガンを読んでみると、面白いことに気が付きました。椋鳩十は、セリフに印象的な言葉をたくさん入れているのです。これは『片耳の大鹿』でもそうです。（中略）明らかに椋鳩十の文章は他の文章と違います。椋鳩十と同じく動物ばっかり書いているシートンとも違います。終わり方も印象的です。椋鳩十はセリフの用い方が特殊で、その特殊なところがいいんです。

ガンをカルガモと取り違えるというあやまちは、彼にすれば致命的であり、その一点においてこの作品の価値が無に帰す可能性すらあったでしょう。にもかかわらず、一旦読み始めると、そんな自分が「ぐいぐいと」話に引き込まれていったのです。

ここに、彼ならではの問いが立ち上がってきます。なぜ「生物学的に言えばおかしい」作品に自分が引き込まれるのか。この切実な問いに答えようとする中で、彼は自ら進んで「文学的に読む」道へと進みました。そして、文学的な迫り方をしたからこその多くの発見を成し遂げるとともに、それは科学的な迫り方をした際に得られるものと同じくらい価値あるものであり、さらに両者は併存し得ることにも気付くのです。

そこを起点に伸びていく

興味深いのは、当初、生物学的に検討するという、国語の物語学習としては異例というか異端とも言うべき迫り方をしたことが、かえって文学的なアプローチをとることの意味の自覚化を促し、結果的に国語科的に見ても執拗にして緻密な探究をもたらしたことでしょう。彼が得意とする科学的な学び方だけでは、文学作品の本質的な理解に至ることは不可能です。やはり、最終的には文学的な世界観に立脚し、文学的な学び方をする必要があります。

それは、物語という対象世界がすべての学び手に要求していることであり、科学的な学び方を身上とする彼もまた、その要求を無視することはできません。心配しなくとも、早晩すべての学び手はその筋道へと入ってきます。望むらくは、学び手自身がそのことに気付き、自ら進んでその筋道へと分け入ってくることでしょう。彼の場合、もし、当初の段階で生物学的な探究が許容されなかったとしたら、文学的な探究の筋道へと分け入る分岐点にまでたどり着くことができず、見てきたような学びは生じなかったかもしれません。

その意味で注目すべきは、最初のノートに対する教師の朱書きでしょう。「ハヤブサとガンが大きさ的に戦うわけがなく、きっと、大造じいさんはカルガモをガンと間違えたのでしょう」と書いてきた彼に対し、担任は「よく調べましたね。○○くんらしい学びのつくり方です」と称賛しています。単に調べたという事実を称賛しているのではありません。それがこの子らしい「学びのつくり方」、つまりここを起点として、彼ならではの筋道でさらに学びを深めていくことを期待し、またそうなるよう支援していこうとしているのです。

物語に対しては、端から文学的に読む子が大多数でしょう。しかし、中には科学的に迫ろうとする子もいます。ここで、それは物語の読み方としてふさわしくない、あるいは間違っていると言い渡し、文学的に読むよう指導する教師はけっして少数派ではないのです。それどころか、真剣な眼差《まなざ》しで「科学的に検討したい」と言ってきた子どもに、それはナンセンスだと決めつけ、笑ってしまう教師もいるかもしれません。しかし、本人は至って真剣であり、それを否定したり笑ったりすることは、学習権の侵害ですらあると思います。

個別最適な学びが、すべての子どもたちの学習権・発達権の保障を目指すということの重要な意味合いの一つが、まさにこの点にあります。その子ならではの学び方、対象への迫り方を、そこを起点に今まさに伸びようとしているかけがえのなさとして大切に扱うことが求められているのです。そして、今後この子が学びを深めていく筋道を予測し、寄り添い、必要に応じて支えていくことが、教師としてなすべきことではないでしょうか。

互恵的な学びの源泉としての多様性

おつりの計算

視点を協働的な学びへと移し、さらにどのようなことが求められるのか考えていくことにしましょう。協働的な学びでは、「大造じいさんとガン」を生物学的に考察しようとした彼のような存在が、教室で相まみえ、関わり合うことになります。端から文学的に読んでいる子どもにしてみれば、生物学的に読んでいること自体が驚きかもしれません。そして、生物学的に迫ったからこそ成し遂げられた仲間の独自な探究のあり方から、多くのことを学び取れるはずです。すると大切なことは、協働的な学びの中で生じる相互作用がすべての子どもに互恵的にはたらき、クラス全体としても子ども一人ひとりにおいても、学びのさらなる深化や拡充に寄与するような授業にすることでしょう。少なくとも、生物学的に読み深めてきた彼のような存在が排斥されたり、軽んじられるような授業にしてはいけません。

そのためにも、まずは多様な学び方が許容されることが求められますし、その成果を協働的な学びの場で堂々と披露できるような開放的な風土の醸成が不可欠です。さらに、その一つひとつが、その子が今を懸命に生きている証しとして大切に扱われ、その子の文脈と学習内容の双方の角度から丁寧に吟味され、正当に価値づけられることが望まれます。

では、それは具体的にどのようなことでしょうか。一つの事例で考えてみましょう。

「さあ、この問題わかる人いるかな。誰か前に出て黒板で解いてくれませんか」

教師の問いかけに応えて、四人の子どもが解答を黒板に残しました［図2］。あなたならこの後、授業をどのように展開するでしょうか。もちろん、悩みどころは④の子です。

実際に私が見た授業では、先生はこのように展開しました。

「○○さん。どういうふうに考えてこの式になったのか、先生やみんなに教えてくれる？」

通常、人にものを尋ねるのは答えを知らないからですが、授業中の教師はしばしば知っていることを子どもに尋ね、解答に対しその正否を告げます。それこそが一般的な「質問」とは異なる「発問」の特質とする見方もありますが、それが談話構造としていかに特殊で非日常的かは、［図3］の例からも明らかでしょう。

しかし、ここでの「教えてくれる」はそれとは違い、文字どおりのお尋ねです。教師が本たろうくんが1000円をもって、おつかいにいきました。
まず、パンやさんで250円のパンをかい
つぎに、くだものやさんで120円のリンゴをかい
さいごに、ぶんぼうぐやさんで80円のけしごむをかいました。
おつりはいくらでしょう。

①250+120+80=450
1000−450=550

②1000−250−120−80=550

③1000−250=750
750−120=630
630−80=550

④1000−250=750
150−120=30
100−80=20
500+30+20=550

図2　おつりの計算

日常生活の談話構造	教室に特有な談話構造
A：今、何時ですか? B：10時20分です。 A：どうも、ありがとう。	A：今、何時ですか? B：10時20分です。 A：はい、いいですね。

図3　談話構造の比較

当にわからないから、子どもに尋ねているのです。

このお尋ねに、④の子どもはこう答えました。

「パン屋さんが750円のおつりを、500円玉と100円玉2枚と50円玉でくれるでしょう。今度はくだもの屋さんでリンゴが120円だから、100円玉と50円玉を渡すと、お店の人は30円おつりをくれるんじゃないかと思って」

この式は教科書に載っているものとは大きく異なりますが、けっしてデタラメではありません。太郎君が、というよりこの子が太郎君の目線に立って、本当に町の商店街で買い物をするとおりに理路整然と表現した結果なのです。80円の消しゴムを買うのに、630円なんてお金の出し方をする人はどこにもいません。誰もしないことを式に書けば正解で、誰しもが日々していることを素直に書けば不正解にされかねない。考えてみればおかしなことです。

さて、④の学びの論理を知り、ある面ではむしろ事実を反映したまっとうなものであると子どもに気付かされたあなたは、次にどう応えるでしょう。それでもなお、多くの教師がこうもっていくのではないかと思います。

「なるほど、面白い考え方だね。先生、感心しました。おつかいの時にはたしかにそうします。でもね、残念、算数ではそうはしないんだよ」

現在の懸命な思考である④のまっとうさを認めつつも、それとは無関係なものとして、頭の別な場所に教科書の正解を新たに書き込め、それが算数というものだというのです。

しかし、それでは④の子どもは、次第にこのように考え始めるでしょう。

「日常の生活やそこで自分が感じたこと、考えたことと教科の勉強っていうのは、まったく無関係な別ものらしい。だから、残念だけど学校の勉強は一種のゲームなんだとでも割り切って、こなしていくしかない」

四　一人目の追究者

実際の授業は、まったく違う展開になりました。先生は④の子の言い分を聞いて「はぁー」と驚き、「なるほど」と感心したのです。そして、とまどいながら自問しました。

「算数っていったい何なんだろう」

このことがはっきりしないままでは、一歩たりとも前には進めません。①や②はどんな意味があるのか。①は家計簿をつける時、仮払いになっている旅費の精算の時などにやるでしょう。対して、②や③はあまりやらないのではないか。④の子の学びの論理によって、当たり前と思い疑いもしなかった内容の論理が大きく揺さぶられているのです。

ここで、子どもたちとともに学び育つことができる、教室という場のありがたさが身に染みます。わからなければ、子どもたちと一緒に考えればよいのです。

「なるほど、すごい考え方だね。先生感心しました。〇〇さんの考えを聞いて先生ね、教科書にある式の方が変なんじゃないかって気がしてきたんだけど。みんなはどうかなあ」

するると、①や②や③の式で解いて、教科書もそうなっているし、これでよしと思っていた子たちも「あれれ、おかしいぞ」となります。

もちろん、子どもを混乱させるだけでは教師ではありません。同じ「わからない」といっても、そこは教師ですから、追究の方向性なり足場はきちんと提供する必要があります。

「でもね、先生も子どもの頃③のように教わったし、教科書にもそう書いてある。すると、③のように考える方が、④の考え方よりもきっと何かいいことがあるんじゃないかと思うのね。どんないいことがありそうかなあ」

追究の足場を得て懸命に思考するうちに、子どもはさまざまなことに気付きます。

「もし、パン屋さんがおつりを50円玉じゃなくて、10円玉5枚でくれたとしたらね。④の考え方だと、150－120＝30って式がなくなっちゃう」

「式がなくなっちゃう」という物言いが独特ですが、10円玉5枚が手の内にあれば、くだもの屋さんでのお金のやりとりを、120－120＝0とは表さないと言いたいのでしょう。

「なるほど、④の考え方だと、パン屋さんのおつりのくれ方のようなたまたまのことで式が変わっちゃうんだね。その点、①や②や③の考え方なら、いつでもどこでも式が変わらないし、誰にでも間違いなく意味が伝わる。だから、①や②や③の方がいい。それで教科書もそうなっているんじゃないかっていうんだね」

ここにも、教師の専門性、支援のポイントがよく現れています。子どもの気付きは算数科の「見方・考え方」からしても実に素晴らしいのですが、その発言内容は50円のおつりを50円玉でくれるか、10円玉5枚でくれるかという具体に終始していました。一方、それを受けての教師の発言は、子どもの気付きを一段抽象化し、汎用的な意味へと高めています。

仲間の気付きを契機に教師が投げ込んだ「いつでも、どこでも、誰にでも」という「よさ」に気付き、「なるほどその方がいい」と納得した④の子は、自分の考えがこの重要な気付きへのきっかけを提供したことに誇らしささえ感じながら、それでも先生や友達との協働によって到達したより納得のいく数理へと、自ら進んで考えを更新していくでしょう。

そして実は、この「いつでも、どこでも、誰にでも」という特質こそ、表現の一般性や普遍性という算数科ならではの「よさ」なり本質であり、学習指導要領でいう各教科等の「見方・考え方」の一つの現れにほかなりません。

こうなると子どもたちは、何も言われなくても自らの手で次の問いを生み出し、さらなる高みへと探究を推し進めていきます。①と②と③では、どれが一番いいのか。なかなかに手強い問題ですが、「いつでも、どこでも、誰にでも」という手がかりを得た子どもたちは、イマジネーションの翼をどこまでも広げ、学びを楽しみ、深めていきました。そしてついには、こんなことを言いだすのです。

「もし、パン屋さんへの道が工事中で、回り道をしたら先に文房具屋さんに着いて。すると、1000－80＝920から始まる式になって、③や④の考え方では式が随分変わっちゃうけど、②や、もっと①ならあんまり式が変わらない。こんな場合でも式が変わらないから、①の考え方が一番いいんじゃないかなあ」

日々このような学びを経験する中で、④の子どもはこのように考え始めるでしょう。

「以前勉強したことはもとより、日々の生活の中で感じたこと、考えたことのすべてを総動員して、自分の頭で納得のいくまでしっかりと考えることは何より大切なことだし、それをみんなで率直に出し合い、協力して深めていくのが授業だ。教科の勉強だって、たとえば算数は、身の回りにある数理的な出来事と自分が対決し、より納得のいく数理を求めて考えを深めていくことでしかない。実際、そうやって到達した結論と教科書に書いてあることとが一致することが多いし、もし違っていたら、その意味を納得がいくまで考え抜いていけば、自ずと道は開けてくるものだ」

事例からもわかるように、協働的な学びでは、子どもたち一人ひとりがもつ多様性がその子自身、ともに学ぶ仲間、そしてクラス全体の学びのすべてにおいて、互恵的にはたらくようにすることができますし、そうなるよう心を砕くことが望まれます。

その際、教師はいわゆる「四一人目の追究者」として、子どもたちとともにどこまでも学びを深めていこうとする存在であることが肝要です。たとえ小学校低学年の学習内容であっても、考え深めるほどにわからなくなっていくことは、よくあることでしょう。そして、それでいいのです。なぜなら、学ぶとは本来、わかっていると思い込んでいたことが、一段深い水準においてわからなくなることだからです。大切なのは問いが深まることであり、さらにその深まった問いと正対することです。わからなくなることは、学びにおいてよい兆候であり、それを回避することは学びを遠ざけることでしかありません。すると、事例のように、このような学び本来のあり方を教師が身をもって教室で体現することこそが、子どもたちをよい学び手へと育て上げていく上で最善の教材ということになります。

教科の学びが生き方の探究になる授業

このように考えるならば、子どもたち一人ひとりがもつ多様性は、その子にとってはもちろんのこと、ともに学ぶ仲間にとっても、よりよく学び育つたしかな基盤となることは明らかでしょう。それがついには、今学んでいる教科学習の範疇を踏み越え、子どもたちの生き方の探究へと発展することも大いにあり得ます。再び、事例で考えましょう。

「もしも私が豚だったらね」

唐突にこう切り出した彼女に対し、クラスの全員が、そして何より先生が目を丸くし、息をのんで次の言葉を待ちました。

沖縄で出合った五年生社会科の授業。食糧自給率について、沖縄の農業や食糧生産について、子どもたちは粘り強く探究してきました。

国際児の彼女は、社会科が得意ではありませんでした。でも、今回は違います。まるで別人のように学習にのめり込んでいったのです。今日の授業の論点は、自給率の算定基準でした。一口に国産といっても、一筋縄にはいきません。今日は何とかそこに決着をつけたい。彼女だけでなく、クラスのみんながそう願っていました。

そして冒頭の発言。その先はこう続きます。

「もしも私が豚だったらね。お父さんはアメリカの豚でしょ。そして、お母さんは日本の豚。その二人から生まれた私は、ウクライナの小麦や中国のトウモロコシを食べて育った。それでいったい、私は国産なの」

文字どおり身を挺《てい》してのこの問いかけは、クラスが直面している難問を何とか解決しようとの懸命な思考の中から、思わず口をついて出たものなのでしょう。実際、子どもたちはこの着眼を突破口に、思考をぐんぐんと推し進めていきました。

しかし、それにしても何と重たい発言なのでしょう。自分が立っている床をあえて踏み抜き、人間存在の底にまで達しようとするかのような圧倒的な深度での思考のダイビングに、彼女は挑戦したのです。

彼女にとって食糧自給率を巡る問題は、もちろん社会科の学習問題であり、彼女の身体の外側に屹立する客観的な社会事象です。と同時に、それは彼女が一一年間生きてきた、そして今生きていることそのものでした。自給率の問題は国籍の問題であり、それは彼女のアイデンティティーの問題とすっかり同型なのです。自給率について考え抜くことは、そのまま自分の存在の底に触れようとすることであり、新たな自分に生まれ変わる鍵を手にするまたとない好機だったのではないでしょうか。

彼女はこの学習に出合って、一つの決意をしたのかもしれません。一一年間ずっと背負ってきた、背負わざるを得なかった重荷を、今こそ直視し、真正面から対決しようと。そして、その正体を自分なりに理解し、納得し、さらに未来に向かって乗り越えようと。

たった今、決意という表現を使いましたが、実際にはそれほど自覚的ではないかもしれません。意識の視線は鋭くまっすぐに外側へ、自給率という社会事象へと向けられており、けっして直接に自身の内面へは向かわないよう、巧妙に制御されているのです。

そして、それでいいのですね。彼女が背負ってきた問題それ自体を考え抜こうとしても、その無垢さとあまりの直接性のゆえに、かえって思考は冷静さを欠き、あるいは混乱し、結果的に深度の浅いものにとどまるからです。深く傷つく可能性すら危惧されます。

あえて教科の学習として、あくまでも外部に展開する社会事象について考え抜くことが、ここでは重要です。そこで得た洞察は社会科の学習内容を深めると同時に、即座に彼女の内部に展開する同型の問題にも投影されるでしょう。さらに、それがもたらす学びの意義の実感が、再び彼女をして社会科の学習へと向かわせる原動力になっています。このように相互促進的に展開する二つの並行的学びの中で果たされる洞察の深まりと自己更新の手応えこそ、彼女が今回の学習の内に見いだした価値であり学びの実感だと思うのです。

教科の学びとして純然たる教科内容がしっかり習得されると同時に、その学びがただちに自分自身を見つめること、生き方の探究にもなっている。さらに、教科としての学びが深まれば深まるほど、生き方としての学びもそれにつれて深まっていく。それどころか、むしろ教科の学習であることが、生き方の探究を自己存在の核心に迫る深い水準で始動する必須の要件になっている。彼女が生み出した学びを、このように理解できるかもしれません。そして、実はこれこそが本来の教科学習ではないか、子どもたちはこういった教科学習をこそ切実に求めているのではないか、と思うのです。

協働的な学びの視点から見るならば、まずもって、彼女がこの問題を一人で考え抜くことには、おのずから限界があります。そもそも、これまでも幾度となく、そのような挑戦はなされてきたに違いありません。きっと、自分一人ではもうこれ以上先へと進めない深さまで、すでに考え抜かれているでしょう。だからこそ、さらなる深みを求めて、今まさに自給率を巡って仲間とともに展開している学びの只中に、彼女は思い切ってダイブしたのです。

一方、クラスの仲間たちからすれば、彼女の問いかけは、もちろん停滞していた社会科の学習に突破口を開き、クラス全体の思考を一気に推し進めるものであったでしょう。しかし、それ以上に大切なのは、目の前の問題解決やそれに関わって生じる自分たちの思考や感情のすべてが、かけがえのない仲間である彼女が一一年間背負ってきた重荷の解消なり軽減に少しでも役に立つのではないかという期待です。だからこそ、子どもたちはこれまで以上に真剣に、また慎重に、そして多面的に、自給率の問題を探究していこうとしたのです。

言うまでもなく、それは第一義的には彼女のためでしょう。しかし、同時に一人ひとりの子どもが彼女の問いかけを契機として、自らが今生きている上で背負っている何物かについて、どこかで思いをはせながら協働的な学びに参画しているようにも思うのです。もちろん、子どもたちの問題は自給率と同型ではないでしょうから、今現在話し合っている事柄それ自体は、自分の問題解決に直接的にはあまり参考にならないでしょう。しかし今、彼女を中心としてクラスの仲間と協働で推し進めている学びは、人間の生き方に関する問題をいかに探究するかという意味で、一種のモデルをすべての参加者に提供しているのです。その経験が、次には自分の問題を考える際に大いに参考になることを、子どもたちは直感的に理解しているに違いありません。協働的な学びにおける互恵性の極北が、ここにあります。

個別最適な学びと協働的な学びのあるべき関係

奈良の学習法

これまでの検討から明らかなように、個別最適な学びにおいても協働的な学びにおいても、子どもたち一人ひとりがもつ多様性は、子どもたちがよりよく学び育つたしかな基盤となります。それどころか、むしろ多様性の豊かさが、学びの深まりや広がりに寄与することが、さまざまな筋道において示されてきました。

子どもたちの多様性は、間違っても学びの進行を阻害する厄介ものなどではありません。もし、少しでもそのように感じるとしたなら、それは「雀の学校」的な授業を構想し実践しようとしているからです。そこから脱却すること、そして自らの子ども観を問い直し、その地点から授業づくりを始発することが今、求められています。個別最適な学びと協働的な学びの一体的な充実とは、まさにそのことを指し示しているのです。

さて、そのように理解するとき、個別最適な学びと協働的な学びの関係性については、どのように考えればよいでしょうか。「答申」においてどのように記されているかは、すでに第一章で見たとおりです。ここでは、第三章で紹介した木下竹次の理論、そして奈良女附小の実践を手がかりに、さらに考えてみたいと思います。

木下と奈良女附小は、自分たちの取組を「学習法」という言葉で説明してきました。それは、どうやって子どもに教えるかという教授法ではなく、子どもたちはどのように学び育つか、また、学校や教師はそれをどのように支えるかを柱にして、日々の教育実践や教育研究を推進していこうとの立場を象徴しています。

そんな同校では、「特設学習時間」を典型とした個々人による自立的な学習を「独自学習」と呼ぶのですが、同時に集団で協働的に学び合う「相互学習」も大切にしていて、学習過程としては、独自学習→相互学習→独自学習という流れを理想としていました。これが、奈良の学習法の基本原理の一つということになります。

この原理は今日でもなお大切にされていて、同校では普通の教科学習でも、まずは独自学習によって一人ひとりがしっかりと学び深めます。しかも、算数科の授業などでよくやられる「自立解決七分間」といったちゃちなものではなく、丸一時間、場合によっては数時間をかけて一人でじっくりと課題や教材と向かい合い、納得がいくまで考え抜いたり調べたりする学習になることが多いのです。

戦後、文部省で小学校社会科の創設に関わり、後に同校の主事を務めた重松鷹泰は「孤独の味」という言葉で独自学習の意義というか、その独特なたたずまいを表現しています[(4)]。一人静かに沈思黙考して課題と正対し対話すること、また、その過程において必然的に生じるであろう自己との正対や対話は、その子の学び、そして成長にとって、きわめて貴重にして決定的に重要な経験となるに違いありません。

そのような深く真剣な独自学習により、自分としては一定の結論を得て、もうこれ以上は考えられないという地点にまでたどり着いた時、子どもは同じく懸命に独自学習に取り組んでいる他者の考えを聞きたくなります。この段階で相互学習を設定すれば、仲間の考えに真剣に耳を傾け、自身の学びとのすり合わせの中で生じた感想や疑問を率直に語り合う、すぐれて互恵性の高い学びが生じるでしょう。それゆえ、同校では相互学習による授業を、通常の「話し合い」ではなく「聞き合い」の授業と呼び習わしてきました。

仲間の考えを聞き、自分の考えも聞いてもらい、また、それらについてのお尋ねや応答、そこで見えてきた問いを巡っての議論なども活発になされる中で、もちろん、子どもたち全員が納得し、決着のつく事柄も数多くあるでしょう。しかし、むしろ大切なのは、先の独自学習では気付けていなかった点、あらためて調べたり考え直したりすべき事柄が明らかになってくることです。

さらに興味深いのは、残された課題や追加で検討すべき事項には、全員に共通するものも一定程度はありますが、多くは一人ひとりに固有なものであったり、少なくとも重みや焦点が微妙に違ったりしていることでしょう。一般的な授業の終盤で見られるような「今日の授業ではこのことがわかりました」といった平板で画一的なまとめで一件落着になるような他人ごとの浅い学びとは正反対の位置に、奈良の学習法は碇《いかり》をおろしているのです。

だからこそ、相互学習が一段落すると、子どもたちは再度の独自学習へと向かっていきます。仲間との「聞き合い」でわかったこと、考えたこと、疑問に思ったこと、課題として残ったことなどを各自で整理し、もう一度「孤独の味」の世界に没入して、何より自分に対し誠実に、さらなる学びを深めていくのです。

このように、個別的な独自学習と協働的な相互学習は相補的で相互促進的な関係にあります。相互学習が深まるには独自学習の充実が不可欠ですし、相互学習を通すことによって、独自学習はいっそうその子らしいたしかなものになっていきます。

公開授業の不思議

個別最適な学びと協働的な学びが相補的で相互促進的な関係にあると述べましたが、奈良女附小に限らず、多くの学校が研究会の際に公開する授業は、話し合いを中心とした協働的な学びがどうしてもメインになります。子どもたちが「孤独の味」を深く味わいながら個別で学び深めている独自学習の場面などは、奈良女附小のような学校であっても、普段の日に頼み込んで見せてもらわない限り、部外者の目に触れる機会はそう多くはありません。

すると、公開研究会の参観者は、授業が始まるやいなや、子どもたちの手が勢いよく挙がり、実に深い考えや丁寧な調査結果が次々と報告され、さらに鋭い視点からのお尋ねや、自分ならこう考えるという意見が分厚く重ねられ、目を見張るような高みにまで学びの質が駆け上がっていくのを目撃することになります。

教師ならば、自分もこんな授業がしたいと願うのは自然な感情でしょう。教材や発問をそのまま持ち帰り、担任するクラスで試みますが、もちろんうまくはいきません。

理由ははっきりしていて、奈良女附小の子どもたちは、研究会に先立ち独自学習を行い、満を持して公開授業に臨んでいます。そのことを踏まえず、いきなり子どもたちに問いかけたところで、思いつきや当てずっぽうの意見しか出ないのは、至極当たり前のことでしょう。

にもかかわらず、「うちの子どもは力がない」とか「真剣に考えようとしない」などと子どもに責任転嫁したりしますから、何とも始末がわるいのです。

実は、奈良女附小のように、特に学習法とか独自学習といったことを明確に打ち出してはいない学校でも、協働的な学びに先立ち、一人ひとりが個別的な学びを存分に深められるような機会を保障している学校や教師は少なくありません。

それどころか、かつての社会科では、授業と授業の間に、子どもたちが自主的に家庭で考えをまとめてきたり、地域の人から聞き取り調査をしたりすることを暗黙の前提として授業を構想・実施していましたし、子どもたちもそのように学んでいました。

個別最適な学びと協働的な学びの往還を原理とした授業づくりは、けっして新しいものでも珍しいものでもありません。もちろん、大正期にそのことを看破していた木下や奈良女附小はさすがだとは思いますが、私たちが感心し是非ともやってみたいと願うような授業は、必ずと言っていいほど個別最適な学びをその構成要素として含み込んでいたのです。

個別最適な学びはこわいものではありません。それは、あなたが長年目指してきた授業の完成に不可欠な、そして実は探し求めていた最後のピースかもしれないのです。

(1) Carroll, J.B. 1963 A model of school learning. *Teachers College Record*, 64, 723-733.

(2) Cronbach, L. J. 1957 The two disciplines of scientific psychology. *American Psychologist*, 12, 671-684.

(3) 安藤寿康・福永信義・倉八順子・須藤毅・中野隆司・鹿毛雅治「英語教授法の比較研究—コミュニカティヴ・アプローチと文法的・アプローチ—」『教育心理学研究』四〇巻、一九九二年、二四七–二五六頁。

(4) 重松鷹泰『教育方法論Ⅱ　教育科学』明治図書出版、一九七五年、五七–五九頁。

初秋。「見て見て！」という声で一日が始まりました

第6章

自己決定的学習と環境による教育

自己決定的学習

より多くの決定を子どもに委ねる

すべての子どもは、生まれながらにして有能な学び手です。学ぼうとしているし、学ぶ力をもっています。また、子どもたちは一人ひとり違っています。違っていていいし、それがよりよく学び育つ基盤となるようにすべきです。

このような子ども観に立つならば、まずは子どもたちを信頼し、学びに関わるより多くの決定を委ねるべきでしょう。天童中部小の実践でいえば、「マイプラン学習」は学ぶ内容こそ決まっていましたが、その名のとおり、どのように学び進めるかの一切は「私の計画」に委ねられていました。「フリースタイルプロジェクト」では、さらに何を学ぶかという学習内容から、すべてが子どもの自己決定です。協働的な学びである「自学・自習」も、子どもたちの民主的な話し合いと相互協力の下でさまざまな決定を執り行い、学びを生み出していきます。

すべての学習に共通するのは、子どもの笑顔と伸びやかな姿、そして満足度の高さでしょう。人は誰しも自由が好きだし、切実に求めてもいます。ところが、従来の学校は何から何まであらかじめ決められていて、ほとんど自由がありませんでした。だからこそ、自分たちで決めて進められる学習を子どもは大いに歓迎しますし、一所懸命に取り組むのです。

自己決定的学習としては、内容まで自由に決められる「フリースタイルプロジェクト」のような取組が、もっとも徹底していることは間違いありません。その一方で、たとえ学ぶ内容は決まっていても、工夫次第で自己決定の度合いを高めることは十分に可能です。以下では、教科学習に取り入れることができる主要な三つのアプローチを紹介します。

順序選択学習

もっともシンプルなのは、順序選択学習です。教科学習ではよく系統性が言われますが、実際には単元内のいくつかの学習内容や学習課題の順序を入れ替えても問題なく学べる場合が少なくありません。教科書に示された順序も、多くは合理的な学習順序の一例示と解釈すればよく、それが証拠に、他社の教科書では別な順序になっていたりします。ならば、子どもに学習順序を選べるようにしてはどうか。これが順序選択学習の発想です。

写真1　点を線で結んで図形を構成する学習コーナー

たとえば、一年生算数科の図形学習では、点を線で結ぶ、棒を操作する、色板を組み合わせるという三つの異なる方法で図形の構成について学ぶことがありますが、三つの活動をどのような順序で行っても特に問題はありません。そこで、三つの活動を各自で自由に展開できるコーナーを教室や隣接するオープン・スペースなり空き教室に設置し、活動の順序やそれぞれにかける時間を各自に委ねることで、ダイナミックで柔軟性のある順序選択学習にすることができます【写真1】【写真2】。天童中部小では「マイプラン学習」として、つまり単元内自由進度学習で実践されていますが、通常の四五分授業の中で展開することも可能です。

順序選択学習では、選択といっても、結局は指定されたすべての課題や活動の遂行が要求さ

写真2　棒を操作して図形を構成する学習コーナー

れます。食事のメニューはすべて決まっているけれど、何からどんな順序で食べるかだけは自分で決めていいという程度の自由度にすぎません。実際には、好きなものを先に食べるか、後の楽しみに取っておくかくらいの選択肢しかないのですが、子どもは「どれからやろうかな」などと目を輝かせているから不思議です。

この事実は、従来の学校での学習が、いかにがんじがらめだったかを逆説的によく表しています。伝統的な一斉指導では、どんな順序で食べるかさえいちいち指示・命令されていたのです。だからこそ「今日は何から食べてもいいよ」程度のことでも大いなる自由を享受し、あんなに生き生きとするに違いありません。

それが証拠に、もっと自由度の高い学習を経験するにつれ、子どもは順序選択くらいではさほどうれしそうにはしなくなります。順序選択学習という方法論について単独でその是非を論じるよりも、それとの対比で浮かび上がってくる、子どもたちのこれまでの学習経験の質にこそ目を向ける必要があるでしょう。

課題選択学習

課題選択学習とは、学習課題を個々人が自由に選択できる学習方法です。単元ないしは小単元の目標を達成するための学習課題が複数考案できる、いわば平行課題が存在する場合に実施可能となります。子どもたちは自らの興味・関心に応じてそのうちの一つを選択し、その課題のみを追究します。

たとえば、五年生社会科の伝統工芸の学習で、教科書にある輪島塗を課題として追究しなければ単元の目標に到達できないということはありません。この点に関して実践例が多いのは地域教材による代替、神奈川県であれば鎌倉彫、京都市であれば友禅染を課題として学ぶというものでしょう。しかし、輪島塗同様、全員が鎌倉彫や友禅染である必要もないのです。ならば、それらも含め、さらにいくつかの伝統工芸の事例を選択課題として提示することで、各自の興味・関心に応じた自己決定的学習としてはどうでしょう。

課題選択学習で重要なのは、平行課題の質の保障です。伝統工芸なら何でもよいわけではなく、どの平行課題にも子どもたちの知的興味や熱心な追究に応えられるだけの内容的魅力とふところの深さ、さらなる学習への発展可能性が求められます。もちろん、各事例は固有な内容を含みますし、含んで構わないのですが、同時に単元のねらいに照らした場合、その事例から伝統工芸一般について学ぶべき内容が学べるか、いわば事例としての典型性を備えているかを吟味する必要があります。

また、誰が見ても内容があり面白そうな課題と、いかにも退屈そうな課題を並べられて選択せよと言われた場合、子どもはそこに自己決定の自由が与えられたとは感じません。さらに、似たような選択肢ばかりがたくさん並んでいても、自己決定の機会がそこにあるとは感じにくいでしょう。自己決定としての選択を実質的な意味で保障するには、すべての選択肢の質が一定のレベルに達しているとともに、十分なバリエーションが必要なのです。

課題選択学習は、すでに生活科あたりではよく実践されています。育てる野菜、つくるおもちゃ、探検するお店、表現や発表の方法など、生活科では課題選択になっていない授業を探す方が難しいくらいでしょう。しかし、それですべての子どもにしっかりとした学びが保障できているかというと、心許ない部分もあります。

たとえば、二年生でよく実践される動くおもちゃづくりで考えると、代表的な動力であるゴムの力と風の力では、ゴムの方が工夫の余地が大きいし、ゴムの様子とおもちゃの動きを原因と結果で把握したり、さまざまに試して結果から予想の適否を確認したりするにも、ゴムの方が有利なように思われます。

もっとも、この学び自体は三年生理科の学習内容としてあらためてきちんと扱いますから、全員が生活科の中でそこまで到達する必要はないとも言えます。しかし、子どもたちはおもちゃの動きに興味津々ですし、「こんな動きをさせたい」と願ってさまざまに改良を進めていきます。すると、選択した課題によってその願いの実現、さらにそれと相即的に結びついている学びの深まりに大きな違いがあることは、あまり望ましいとは言えないでしょう。

もちろん、だからといってゴムのおもちゃに統一するといったやり方も、生活科のねらいからして本末転倒なのは明らかです。このあたりの判断は難しいところですが、ここで押さえておきたいのは、子どもたちに選択を委ねる際、各選択肢がもたらす学びの深まりや活動展開の広がりの可能性について教師はしっかりとした教材研究をし、何が起こりそうかを的確に、また幅広に把握している必要があるということです。とりわけ、学びの深まりに困難が予想される風の力について、それを克服し、豊かな学びを実現するためのさまざまな支援策や学習環境整備に注力しておきたいものです。

さらに言えば、選択肢ごとに指導案を書くべきです。せめて「予想される子どもの活動」と「教師の支援」だけでもしっかりと書いておくと、授業は格段によくなります。ゴムと風では、子どもが出合う問題やそれをどうやって乗り越えていくかにさまざまな違いがあります。生活科の指導案でよく目にする「それぞれの活動を臨機応変に支援する」「一人ひとりのよさを認めてはげます」といった大雑把な計画や準備では、多様な姿を示す子どもたちに対し、意味のある支援がタイミングよく実施できる可能性はけっして高くはありません。

生活科では、新聞にまとめる、紙芝居を作って演じる、ポスターで訴えるといった具合に、表現活動の選択が子どもに委ねられることも多いのですが、何をどう表現するのか、誰にどのようなメッセージを伝えるのかによって、適切な方法は変わってきます。その点を教師が丁寧に見取り、また各表現方法の特質を踏まえることで、表現方法の選択の段階でも、選択した方法で表現を工夫する段階でも、より適切な支援が可能となってきます。

課題選択学習という視点から従来の取組を見直し改善を図ることで、子どもの興味・関心に応じつつ、質の高い学びの実現が見込める生活科授業にすることができるでしょう。

課題設定学習

課題設定学習は、課題選択学習からさらに自由度を一段高め、単元なり小単元の目標を実現するのにふさわしい学習課題や学習活動を、子ども一人ひとりの興味・関心に応じて自由に設定することが許容され、また要請される学習です。伝統工芸の学習でいえば、教師から選択肢を提示するのではなく、子どもたちの手で全国の伝統工芸を調べ、どの地域のどのような伝統工芸を自らの学習課題にするかを自由に決めるという約束にすればよいでしょう。

課題選択学習と同様に、課題の質の吟味は重要です。子どもが設定しようとしている課題で十分に深い学びに至れそうか、教師は丁寧かつ多面的に検討し、必要に応じて個別に助言や相談をします。とりわけ、どのあたりに難しさがありそうかといったことを、そう言われたことで子どもがすっかりやる気を失ったりしないように、その課題に取り組もうという気持ちでいるその子の身になって相談することが大切になってきます。

課題設定に向け、子どもたちはかなりの調査活動をする必要がありますが、ここで活躍するのが一人一台端末です。何でもまずはパソコンで調べることに抵抗を感じる人もいるでしょう。しかし、すでに大人はそうしていますし、パソコンではわからないことや矛盾する情報に出くわしたりすれば、明確な問題意識をもって他のメディアや方法へと移っていきます。そのような学びや気付き自体に価値がありますし、教師としてはごく自然にそんな深い学び、正確な情報を求める追究となるよう授業づくりや支援に心を砕きたいものです。

紙と鉛筆と図書資料で個別最適な学びに取り組んできた経験からすれば、子どもにとっても教師にとってもパソコンは本当に強力な味方です。パソコンのない時代、といってもついこの間のことですが、子どもたちの手で全国の伝統工芸を調べ、学習課題を設定する授業を組むとしたら、教師はそのために膨大な資料を集め、教室に持ち込む必要がありました。それでもなお、特定の地域が欠けてしまったり、情報が少なすぎて、いざ子どもが学習を進めようとした段階で深まりが出なかったりといったことに頭を悩ましたものです。

「先生、うちのお母さんの出身地の◯◯県の伝統工芸を調べようと思うんだけど」と目を輝かせて相談にやってきた子に対し、その県の資料が欠けていたりすると何とも申し訳ない気持ちになりましたし、子どもだってがっかりします。一人一台端末の導入は非常に画期的なことであり、存分に活用していきたいものです。

この子どものように、課題設定学習では、ユニークな理由による課題設定が数多く見られます。身近な人の出身地や思い出に残っている旅行先など、地域を手がかりに調べる子の他、焼き物や染め物といった対象への関心から迫る子、テレビで見たり本で読んだことがあって気になっていたからという子もいます。何より、そんな課題設定の仕方から、その子の興味・関心のありか、その子ならではの学び方や目のつけどころ、さらには家庭や地域での生活の様子などもうかがい知ることができ、子ども理解の促進や深化につながるでしょう。

これは個別最適な学び全般、また協働的な学びでも「自学・自習」のような子どもたちが自立的に学び進める学習のすべてに言えることですが、子どもたちが自らの意思で活動を展開することにより、一斉指導ではなかなか見ることができなかった、その子ならではのあり方やたたずまいといったものがくっきりと、また色濃く浮かび上がってきます。これを見逃す手はないでしょう。しっかりと見取り、子ども理解を深めたいものです。

子どもたちが自力でどんどん学び進めているからということで、そういった時間には教卓に座って事務仕事に精を出す先生や、中には職員室に帰ってしまう先生もいるのですが、実にもったいないと思います。教師の仕事は、狭い意味で子どもに何事かを教えることだけではありません。一人ひとりの子どもについてもっと多くのことを深く知り、その子の世界に関心をもって寄り添うこともまた大切な仕事ですし、むしろこちらの方が基底的で本質的だとも言えます。この大切な仕事を深める上で、子どもたちが自立的に学び進める学習の時間は、またとない好機なのです。

さて、自己決定的学習を実現する三つのアプローチを見てきましたが、さらにこれらを単元レベルで組み合わせて実施することも、もちろん可能です。実際、「マイプラン学習」のような単元内自由進度学習では、必修とされる課題や活動については順序選択学習で進め、発展学習の部分は課題選択学習や課題設定学習となっている場合も少なくありません。

たとえば、第二章の【資料2】（四九頁）の学習のてびきでは、工業を巡る四つの課題を順序選択学習で進めるようになっています。一方、【資料3】（五一頁）の学習のてびきでは、各自の興味・関心に応じた課題選択学習が行えるよう、五種類の発展学習が準備されていました。

また、そもそも単元の標準時間として委ねられた八時間なり一〇時間をどのように使うかも子ども次第ですし、さらに二教科同時進行とすることで自由度も二倍になります。もちろん、そこには自らの意思でしっかりと学習を進める責任が伴うのですが、子どもたちは自らすすんでそれを引き受けてがんばります。それくらい、子どもたちは自由が好きなのです。是非、勇気をもって、学びに関わるより多くの決定を子どもたちに委ねてほしいと思います。

環境による教育

子どもの都合で自由に使える学習環境

子どもは学ぼうとしているし、学ぶ力をもっています。すべての子どもは適切な環境と出合いさえすれば、自ら進んで環境に関わり、その相互作用の中で自ら学びを進め、深めていく存在なのです。このように考えるとき、教師の仕事としては、直接的に教えるという従来のあり方に加え、学習環境を整えることにより間接的に学びを促し支援するというもう一つのあり方が見えてくるでしょう。

また、子どもたちは一人ひとり違っています。したがって、何が適切な環境であるかも一人ひとりによって大いに異なります。学習環境を整えるに当たっては、子どもたちが潜在的、顕在的に求める多様な学びの機会を柔軟に提供することが望まれるのです。

以下では、環境による教育という考え方と、それを実現する技術としての学習環境整備について見ていきたいと思います。まずは、一つの事例で考えてみましょう。

写真3　いつでも自由に使える顕微鏡

　ある小学校で、間接光が入る明るい廊下の出窓部分に顕微鏡を四台常時設置し、いつでも使ってよいことにしてみました［写真3］。すると子どもたちは、雪が降れば雪の結晶を観察し、アサガオの花が咲けば花びらを見る、そんな活動が日常的に、ごく自然に行われるようになっていきます。顕微鏡は意外なほど壊れることもなく、理科の学習の際には、顕微鏡の操作やプレパラートづくりを手際よく進められるようになりました。高学年の子どもが低学年の子どもに顕微鏡をのぞかせてあげるといったことも、日常茶飯事です。一年生の子どもたちは「早く理科の勉強がしたいなあ」と心待ちにするようになったといいます。

みなさんの学校の顕微鏡は、年間に何日くらい使われているでしょうか。子どもたちは顕微鏡を、卒業するまでに何回操作するのでしょう。本当にわずかな日数しか使われない、操作する機会がほとんどないというのが実情ではないかと思います。そうこうするうちにレンズにカビがはえ、廃棄になったりもしているでしょう。実にもったいないと思います。

ＧＩＧＡスクール構想で導入された一人一台端末もそうならないよう、子どもたちが日常的に使える環境を急ぎ整える必要があります。パソコンの耐用年数は思いのほか短いので、のんびり構えている余裕はどこにもありません。

日常的に使えるようにする最善の方法は、教師の都合やタイミングではなく、一人ひとりの子どもの都合やタイミングで必要な時にはいつでも、またどのようにでも使えるような環境整備でしょう。先の顕微鏡は、まさにこの条件に合致しています。

一人一台端末についても、何か調べたいことやわからないことがあったなら、いつでも取り出して調べてよいことにしてはどうでしょう。かつて、国語辞典が常に机の上に出ていて、わからない言葉があれば、すぐに調べて付箋紙をはさむことを習慣づけている先生がいました。その国語辞典がパソコンに変わるのだと考えれば、わかりやすいかもしれません。

こう言うと必ず「パソコンをいつでも机の上に出しておいてよいことにしたら、子どもが授業を聞かなくなる」と言う人がいるのですが、それは授業の中身が貧弱でつまらないからで、そんな時、子どもはパソコンがなくても、ノートにマンガを書いたりしているものです。つまり、パソコンを取り上げたところで、本質的な問題は何も解決しません。それどころか、たまにしかパソコンを使わせないから、子どもはその限られた機会にいろんなことを試してみたくなり、結果的に教師の指示や要求とは関係のないことをあれこれとしてしまうのです。パソコンに限らず、もっといろいろなものを子どもたちに開放し、子どもたちの都合やタイミングで自由に使ってよいことにする方が、長い目で見れば得策でしょう。

幼児教育から学ぶこと

どこか斬新な感じがするかもしれませんが、幼児教育の世界では、ごく当たり前のことととして日常的にやられてきました。幼児たちは、自ら進んで身の回りのひと・もの・ことに関わろうとしますし、それらとの相互作用の中で実にさまざまなことを学んでいきます。幼児教育では、環境を整えることで子どもたちが展開するひと・もの・こととの相互作用を教育的により価値のある方向へと導き、それによって意図する学びや育ちを実現してきたのです。

幼児教育は、環境による教育をメインの教育方法としてきました。もちろん、それを支えているのは、すべての子どもは生まれながらにして有能な学び手だという子ども観です。

写真4　幼稚園における学習環境整備

［写真4］はごく普通の幼稚園の様子ですが、はさみやのりやセロハンテープといった道具も、折り紙や牛乳パックや毛糸などの材料も、子どもたちの判断で、いつでも好きなだけ使っていいようになっています。興味深いのは、そうすることで子どもたちは、使い終わったらちゃんと元の場所に片付けるし、必要な量以上は取らないようになることでしょう。

　もちろん、若干のポイントはあって、ある幼稚園で遊びに使う材料を一部の子たちがひとり占めにするので困っていたのですが、よく見ると供給されている材料が、子どもたちが最終的に使うと予想されるぴったりの量になっています。そこで、あり余るほどの量にしてもらったところ、ひとり占めはすぐに解消しました。必要になった時に再度取りに行けば、その時に必ず確保できるという安心感が環境整備では重要です。これは何も幼児だからではありません。大人だって不安になると買い占めに走ったりします。人が自由で穏やかな心持ちでいるには、ゆとりや安心というのがとても大切なのです。

こんなふうに幼児期には自分の側から環境にアクセスしていたのに、小学校に上がった途端、すべては教師の都合とタイミングで手渡されるようになります。

「今日ははさみを使います。今から先生が配りますから、一班のみなさんだけ前にいらっしゃい。あとの人たちは自分の席で静かに待ちます」

万事がこんな具合ですから、子どもたちはもともと備わっている、そして幼稚園や保育所でたくましく育ててもらった学び手としての有能さを一気に封印せざるを得なくなり、どんどん自分の頭では何も考えないようになっていくのです。

したがって、かつては小学校入学時に通過儀礼のように行われてきた「手はお膝、お口チャック」に代表される抑圧的な規律訓練の見直しが、小学校の改革ではまず重要になってきます。生活科の授業あたりで「子どもたちが後片付けをしなくて」と嘆く先生がいますが、教師の都合で手渡されたものに子どもの意識が向かわないのは無理もないことでしょう。

五歳の時にはすでにできていたという事実と、なぜできていたのかの理由について、あらためて思いを巡らせる必要があるように思います。それは、すべての子どもは有能な学び手であるという事実と、その有能さを存分に発揮し、さらに高めていくのにふさわしい環境の提供こそが教師の仕事であると気付くことにほかなりません。

指示や説明を文字情報でまとめて提供する

それでは、学習環境整備の具体について見ていくことにしましょう。

まず、子どもたちが自立的に学び進めるには、これまで教師が口頭で指示し説明してきた内容を、文字情報の形で事前にすべてまとめて提供し、学習期間中、いつでも子どもが自由にアクセスできるようにする必要があります。一部は掲示物の中で提供されますが、主力はカード類になるでしょう。

カード類は二種類からなります。一種類は、個々の学習内容に関する説明を担うもので、第二章の【資料1】（四七頁）や【資料6】（五六頁）のような学習カードです。位置づけ的には通常のワークシートやプリントと同じですが、少し違うのは、カード内の情報だけで子どもが一人で学び進められるよう、わかりやすく丁寧な情報提供を心がけることです。

一斉指導であれば、ワークシートを配った後、何をどうするのか教師がその場で説明できます。それを子どもが一人で読んでわかるように書くには、若干の工夫を要します。もっとも、子どもに一発で間違いなく指示や説明が通る表現を思案するわけですから、教師にとっては実によい勉強になります。そして、普段いかに無神経に言葉を操っているか、深く反省させられることでしょう。

それでも、子どものことを思い浮かべながら、よりよい表現に向けての工夫を繰り返すうちに、次第にコツがつかめてきます。すると、普段の教室での指示や説明の時にも格段にわかりやすく端的な表現が自然と口をついて出てくるようになります。したがって、面倒くさがらずに取り組むことが大切です。

もう一種類は、「マイプラン学習」における学習のてびきのような、長期的な学習の進め方や計画の立て方に関する情報提供です。学習のてびきは、教科書や学習カードや図書資料はもとより、さまざまなメディアや活動など、およその単元の学習で子どもが利用可能なすべてのリソースを統合的に整理するとともに、それぞれの位置づけや意味、相互の関係などを子どもにわかりやすく伝える役割を果たしていました。子どもたちが自分に最適な学びを計画し実行する上での地図のような存在だと言っていいでしょう。このような質の情報の大切さは、文脈情報の提供として、すでに第四章で述べたとおりです。

カード類は、すべてを単元開始時までに準備し、子どもの判断でいつでも自由に手に入れ

写真5　常時すべてのカードを供給する体制

られる供給体制にします［写真5］。すべてのカードを綴《と》じて手渡すという方法もあり、実際にも試みられてきました。すべての情報を手元で一気に見られるので、単元の学習計画を立てる時にも重宝しますし、学習に入ってからも、いちいち席を立つ必要がないので集中が持続するという利点があるようです。

一方、自分の席から一切動かなくても学び進められるので、仲間の追究の様子を見て刺激を受けるとか、さまざまなコーナーや資料の存在に気付くといったチャンスが減り、学習が単調になりやすいという可能性もあります。さらには、少し身体を動かすことでかえって頭がリフレッシュするという研究もあり、このあたりの判断は難しいところです。

ＩＣＴにより一変した学習材の収集と提供

学習環境整備では、カード類以外の多様な学習材の収集や開発も重要になってきます。子ども一人ひとりの「学び方の得意」や興味・関心に応じるには、可能な限りの情報や物品を豊富に準備し提供することが望まれます。結果的に、たった一人しか使わなかったとしても構いません。むしろ、その子にはその学習材が必要だったわけで、よくぞそれを準備していたものだと大いに喜ぶべきなのです。

とりわけ個別最適な学びでは、そういった発想がとても大切になってきます。逆に言えば、従来はついつい多数派のことに意識が向かいがちでした。興味・関心別の課題設定学習を組む時なども、人数の多いところからＡグループ、Ｂグループと編成していって、最後は「その他グループ」などという失礼な名称のグループをつくって平然としているような感覚は、しっかり問い直されるべきでしょう。

ベテランの社会科や理科の教師なら共感してもらえると思うのですが、質の高い学習材を豊富に収集するのは大変な作業なので、その単元が迫ってからあわてるのではなく、日頃から何か使えそうなものはないかと網を張っていたものでした。毎日のテレビ番組をチェックしたり、旅行や出張の時に役場や観光案内所に立ち寄りパンフレットや行政資料を持ち帰ったりというのは基本で、休みの日には図書館や文書館に行き使えそうな文献を探したり、古い新聞のマイクロフィルムを確認したりもしたものです。

しかし、状況はＩＣＴの進歩と普及で一変しました。苦労して入手した古い新聞記事も、今や自宅から簡単に検索できてしまいます。さらに言えば、教師の方で検索し、そのプリントアウトを子どもに手渡すのではなく、必要な子が必要なタイミングで自由に検索して入手すればよいでしょう。

その意味では、教える側の都合で不自然に切り取った断片的な資料の集成にすぎない社会科の資料集などは、すでに不要ではないかと思います。そんな資料でもかつては簡単には入手できなかったので、ありがたく使わせてもらいましたが、統計資料なども古い場合があり、わざわざ経費をかけて全員分買う必要はないようにも思います。

また、映像資料には強いインパクトがあり、とりわけその教科に興味をもちにくい子や文字情報で学ぶのが苦手な子のことを考え、苦労して集めたものですが、今ならオンラインの動画の中に参考になるものがいくらでもあります。かつては教師が大変な思いをしてコンテンツを一つひとつ手に入れ、子どもたちに手渡してきましたが、これからはせいぜいＵＲＬ

の情報を知らせるので十分で、最近はＱＲコードによる情報提供も盛んです。

もっとも、いきなりＵＲＬやＱＲコードを提示しただけでは、子どもはあまりその情報を利用しません。そこにどんな情報があるのかを簡潔に伝える工夫、たとえばサムネイルのようなものを適切な大きさで掲示することなどが有効ではないかと思います。

いずれにせよ、このあたりの作業の様相は、ＩＣＴの導入ですっかり変貌しました。以前は、子どもが学習に使える情報や物品の少ないことが個別最適な学びを実践する上での最大のネックになっていましたから、それが一気に解消され、さらに教師を介さずとも子どもたちがダイレクトに情報にアクセスできるようになったことは、自ら学び進める学習の展開という意味からは大いに歓迎すべきでしょう。

とはいえ、だからといって教師が学習材の探索や収集をしなくてもよいということにはなりません。情報へのアクセスや入手はすべて子どもに委ねるにしても、そもそもこの単元の学びに関わってどこにどんな情報があるのかは、教師としてしっかりと把握しておくことが望まれます。それにより、特定の情報を手がかりに学びを進めている子どもについて、この先の展望や課題が予測でき、支援の必要性やその具体的な中身が判断できるのです。

一人一台の端末を与えたからといって、子どもたちを放任したり、彼らの学びに無関心でいてよいということではありません。いわゆる「お釈迦様の指」の世界で、子どもは自分一人の力でどんどん学び進めていると思っていますし、実際、活動としてはそうなのですが、教師としてはすべて把握しており、必要とあらば、いつでもしっかりと後押しできる体制にしておくことが望まれます。

なお、子どもたちが情報に直接アクセスする場合にも「まずはこのあたりを見るといいよ」と推奨することは、いわば安全に走行するためのガードレールや着実に目的地にたどり着くための行き先案内板のようなものですから、やはり一定程度は必要かと思います。

つまり、これまではすべてを教師がコントロールしていたというか、教師が提供するしかなかったからそうしてきましたが、今後は可能な範囲でコントロールをゆるめ、子どもの意思や判断や能力に委ねるようにしていこうということなのです。その塩梅《あんばい》についても、今後の課題です。天童中部小をはじめとする全国の学校で実践研究が進むにつれ、次第に有効ないくつかのあり方が、その根拠とともに明らかになってくるでしょう。

体験・活動コーナーの設置

ICTにより学習材を巡るあり方が一変したと言ってきましたが、もちろん、学習環境のすべてをデジタル情報にすればよいわけではありません。手を使って操作活動をしてこそ実感的な理解に至れる学習内容もありますし、身体全体で体験することが効果的な学びもあります。そんな活動や体験のコーナーを教室やオープン・スペース、余裕教室に設置することは、引き続き学習環境整備の中心的な課題になるでしょう。

もっとも、ベースとなる教材や活動、体験自体は、これまで授業で使ってきたものと特に大差ありません。算数科の図形学習における各種の操作教材、長さ、広さ、重さ、かさの学習で行うさまざまな測定活動、理科学習の中核をなす実験や観察の場づくり、さらに各学校で独自に開発された教材や活動も豊富にあるはずです。

写真6　グループでメダカを飼育

【写真6】は、天童中部小の五年生理科「メダカのたんじょう」の様子です。教師が準備するのはメダカだけで、飼育に必要なものは子どもたちで調べて準備しました。メダカの雌雄も子どもが調べ、各二匹ずつ四匹をグループの水槽に入れ、休み時間も観察しながら育てます。

写真7　5年生理科「メダカのたんじょう」の発展学習

【写真7】は発展学習の様子で、オスとメスのさまざまな違いを確認しながら、メダカのペーパークラフトを作っていました。

【写真8】は、廊下に顕微鏡とつないだディスプレイを設置することで、いつでも誰でもメダカの卵の様子を観察できるようにした学習環境整備です。デジタル機器を上手に使うことで、実感のある学びを生み出す工夫として大いに参考になります。

【写真9】は、他校の取組になりますが、五年生社会科「自然を生かしたくらし」の学習のために先生たちが独自に開発した体験コーナーで、ダンボール箱の中にシュレッダーで裁断された大量の紙を、雪に見立てて入れてあります。子どもたちは雪国で使うかんじきを片方だけ履いてこの中で足踏みをするのですが、かんじきの

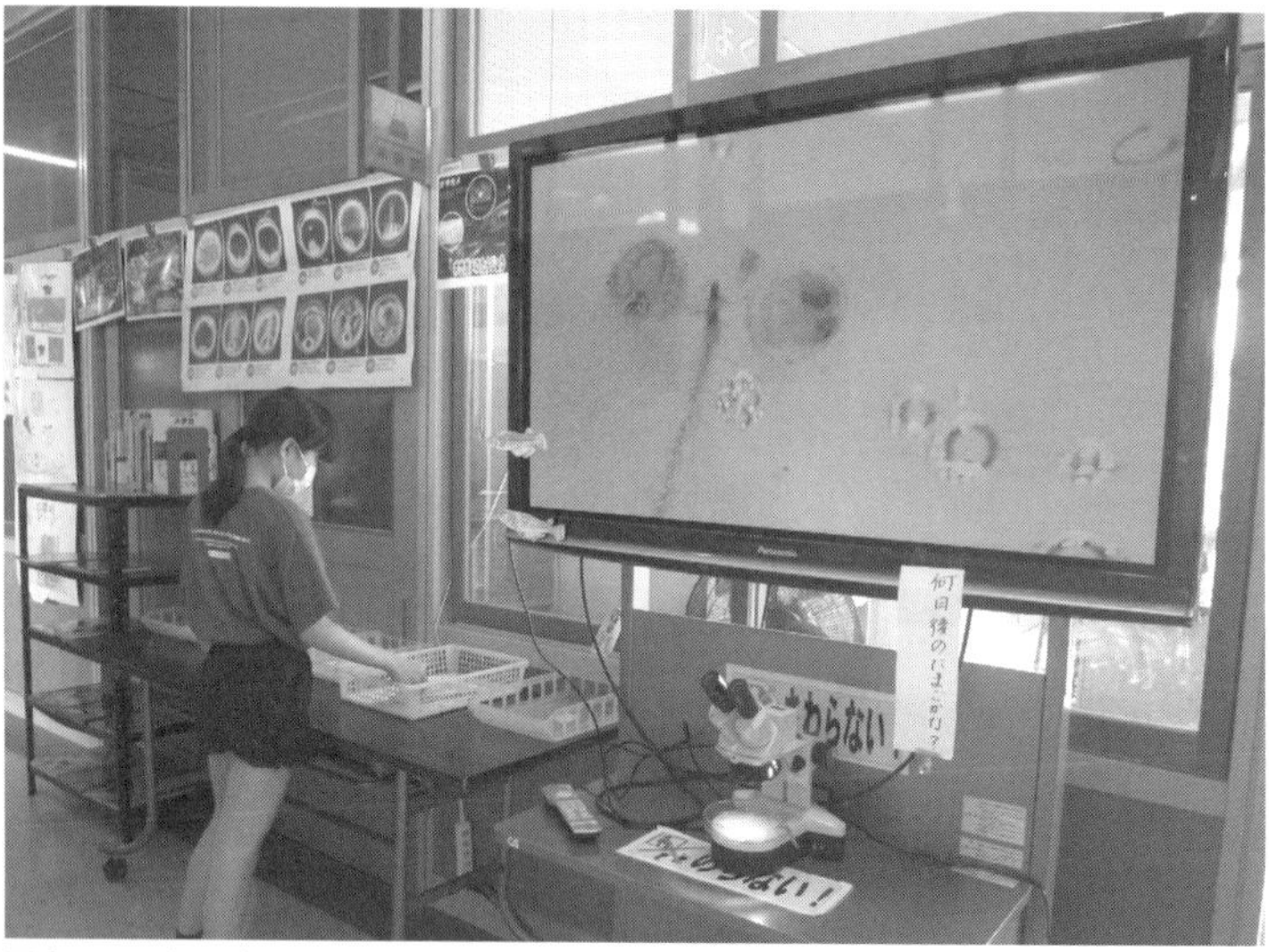

写真8　メダカの卵をいつでも観察できるよう、顕微鏡をディスプレイに接続

有無による沈み方の違いは歴然で、大いに盛り上がったといいます。

［写真10］も他校の実践になりますが、三年生の自閉症・情緒障害学級で「重さ」の単元内自由進度学習に取り組んだ時の様子で、ランドセルの重さと自分の体重を一緒に量るという重さ調べのコーナーになります。学習カードが求めているのは、一緒に量っても別々に量っても同じ値になるということでしたが、この子はランドセルを片手で持っても、背中に背負っても、ランドセルを体重計に直接乗せてその横に自分が乗っても、重さがみな同じであることを発見し、随分と長い時間、ありとあらゆる方法を試しながらこの課題に取り組んでいました。どこに

写真9　「かんじき」体験コーナー

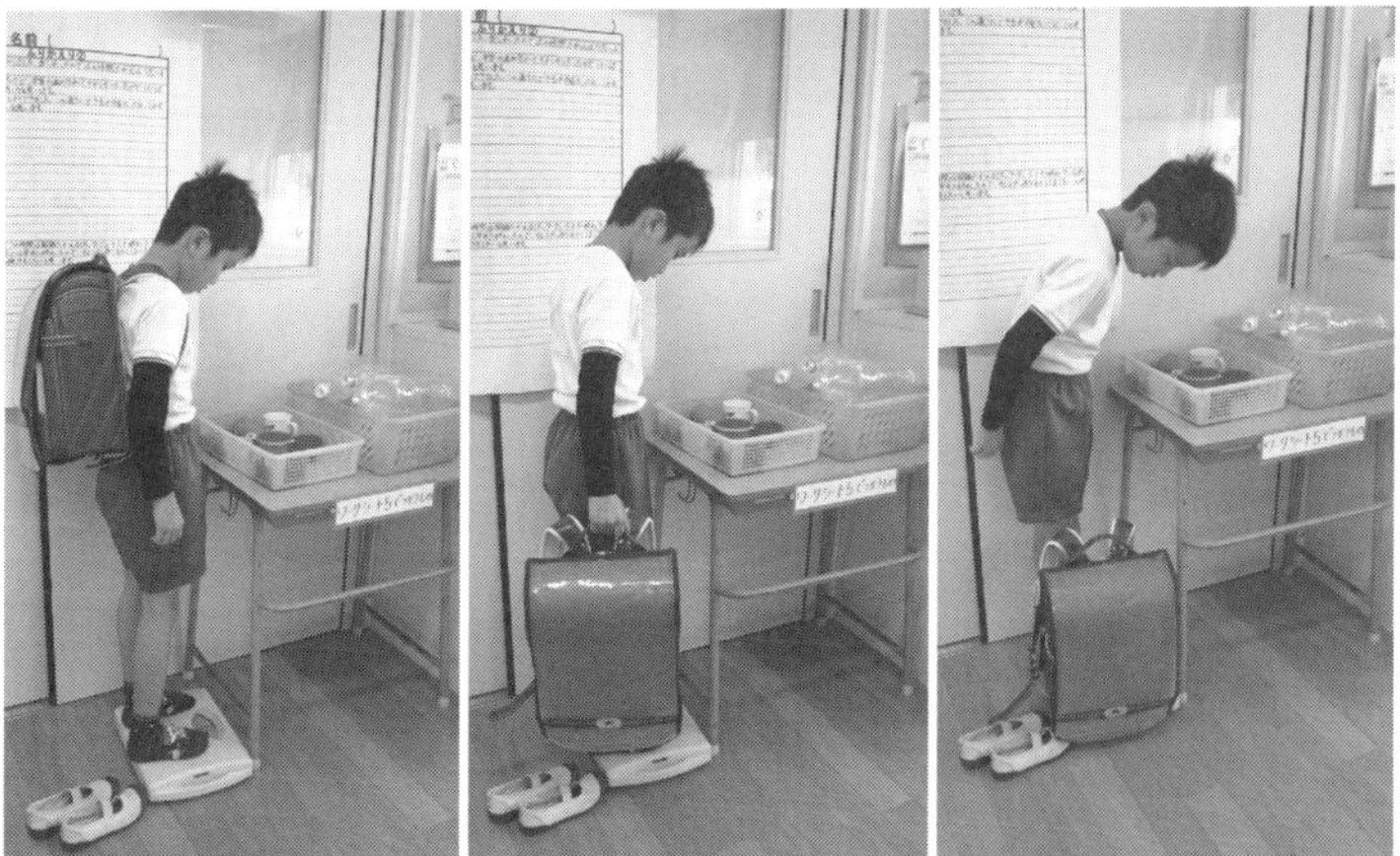

写真10　「重さ」の活動コーナーで納得いくまで学び深める

こだわって学ぶかは一人ひとりによって大きく違いますし、それが全面的に許容された時、子どもたちはこんなふうに粘り強く、また知性的に探究するのです。

マルチに機能する掲示

学習環境整備で重要なものに、掲示の工夫があります。

学習に必要な情報の多くはカード類で提供しますが、カードはそれを手に取らないと子どもの視界に入ってきません。その点、適切な場所に設置された目を引く掲示は、「これだけは知らせたい」という情報を確実に子どもたちに手渡す有効な手段となります。

【写真11】は、緒川小で一九八〇年代に撮られたもので、五年生社会科「伝統工芸」の学習の掲示です。左側の日本地図の周囲に各地の伝統工芸を紹介した文章が貼られ、右側の壁とひな壇には地元、愛知県の民芸品や工芸品が展示されています。また、壁面前のテーブルには関連した印刷資料が置かれていて、いつでも手に取って見られるようになっていました。

こんな掲示が単元に入る少し前のある日、突然子どもたちの前に現れるというのが当時の緒川小のスタイルで、子どもにしてみれば「いったいなんだろう」ということになり、いやでもそれらの情報というかメッセージに、自分たちの方から接近していくことになります。

写真11　5年生社会科「伝統工芸」の掲示

はたらきとしては通常の授業における導入に相当するとも言えますが、タイミング的には学習開始前になるので、むしろ映画やテレビの「予告編」に近いかもしれません。実際、このような掲示の力により単元開始時にはすでに学習の見通しをもてていたり、さらに自分としてはこんなふうに学び深めたいといったアイデアなり願いを抱いている子どももいました。また、単元の学習が始まると、一種のシンボル的な機能を果たすのはもちろん、各種資料の保管、供給場所としての役割も担うことになります。

［写真12］も同時期の緒川小のもので、先行的に実施されていた六年生の総合的な学習「君たちの21世紀は悲観か、楽観

か」の立体的な掲示です。水、土、大気、動物、植物の五つのトピックをシンボライズした壁面掲示を中心に、その左には単元の流れが記され、壁面前のテーブルには関連する図書や資料、自由に見ることのできるビデオテープが配置されていました。また、天井から「捨てればゴミ、生かせば資源」と書かれたパネルが吊るされ、その下にはおびただしい数の空き缶が並べられています。今日的にはSDGsを主題とした学習に相当すると思われますが、それがすでに三〇年以上も前に、これだけの完成度で実践されていたことには少なからず驚かされます。これがある日いきなり登場するのですから、子どもたちには相当なインパクトだったに違いありません。

［写真13］も、緒川小の一年生「おはなしのえ」という国語科と図画工作科の合科的な指導の掲示で、子どもたちが描いた絵をもとに壁面を構成しています。低学年の場合には実質的な情報提供というよりも、その単元の学習の雰囲気を演出する、いわば舞台づくり、背景づくりとしての意味合いが強くなってくるように思います。このあたりは、幼児教育における掲示や環境構成に近いのかもしれません。

［写真13］のような、いわば子どもが参加する掲示としては、国語科の方言の学習で、教師がまず**［写真11］**と同様に日本地図を貼っておき、その周囲に子どもたちが方言に関する各自の調査結果を紙にまとめてどんどん貼っていくといったやり方もあります。掲示壁面がみんな

写真12　総合的な学習「君たちの21世紀は悲観か、楽観か」の立体掲示

写真13　子どもたちの作品を生かした「おはなしのえ」の掲示

の学びの交流の場になっている、あるいはクラスや学年共通のノートになっているといってもよいでしょう。

学校で掲示というと、子どもたちの図画や習字の作品を隙間なくびっしり張り出すというイメージがあるように思いますが、学習環境整備としての掲示は、それとはまったく発想が違います。工夫次第で、掲示は通常の情報提供の他、学習への導入、雰囲気づくり、資料の保管や供給、学習の場など、さまざまな役割を果たすことができるのです。大切なのは、子どもの学習を刺激したり支えたりする掲示にしていくということでしょう。校内の仲間と一緒にアイデアを出し合い、楽しみながら取り組んでほしいと思います。

さて、環境による教育と学習環境整備について見てきましたが、いかがだったでしょうか。正直、「大変そうだなあ」と感じられた方もいるでしょう。これまで、学習環境を整えることで間接的に学びを支援するという発想で仕事をした経験はあまりないでしょうから、それ自体は無理もないことです。もっとも、このことは、少し取り組んで慣れてしまえば状況が一変する可能性をも示唆しています。実際、環境による教育を主要な教育方法としてきた幼児教育の世界では、初任者でもすぐに取り組みますし、天童中部小でも、若手も含め、ほんの数か月で当たり前のようにできるようになっていきました。

一つのポイントは、授業づくりやその準備を単元の桁でとらえる習慣をつけることです。

この節で述べてきたことは、すべて単元レベルでの作業なのです。膨大な作業量に見えたかもしれませんが、一〇時間分だと考えればどうでしょう。一時間の授業準備に要している作業量を一〇時間分累積すれば、トータルではこのくらいになっているはずです。

違いは、それを単元開始時にすべて終えているということでしょう。学習環境整備は、前日に思いついて行える作業ではありません。もし、毎時間の授業準備を自転車操業的に前日にやっているとすれば、まずはその体質を改善することが必要です。もっとも、これは学習指導を中長期的な見通しをもって進める、つまりカリキュラム・マネジメントの基本ですから、学習環境整備をするしないにかかわらず望まれていることです。逆に言えば、学習環境整備という具体的な作業に取り組むことで、単元の桁で教師の仕事をとらえる習慣が身に付き、カリキュラム・マネジメントも無理なく進められるようになるでしょう。

もう一つのポイントは、子どもの学びとの関係で環境を整えるという原理の確認です。日本の小学校教師は、教室環境の整備にかなりの労力をつぎこんでいます。しかし、多くは学級経営の視点でなされていて、教科学習のことはほとんど視野に入っていませんでした。つまり、環境整備の技術自体は、すでに十分に身に付けているのです。今後は、それを教科の学びにも向けていってほしいのです。

是非、勇気をもって最初の一歩を踏み出していただきたいと思います。

秋が深まる朝、クリーン委員会が落ち葉の掃き掃除。「どうして始めたの」と尋ねると、
「学校にはたくさんの木があって、技能士さんだけでは大変そうだから」

第7章

ICTという新たな道具立てを得て

パソコンを文房具にする

第一章で見たとおり、今回「令和の日本型学校教育」が提起された契機の一つは「情報化が加速度的に進むSociety5.0時代において求められる力の育成に関する課題」の存在であり、ＧＩＧＡスクール構想により「令和時代における学校の『スタンダード』」として整備された一人一台端末や高速大容量のネットワーク環境の日常的な活用の推進と、それに伴う授業や学校のあり方に関する抜本的な見直しでした。

すでに第六章において、自己決定的学習や学習環境整備におけるＩＣＴの活用について見てきましたが、その効果と影響力は絶大です。本章では、さらにさまざまな角度からＩＣＴ活用の意義と可能性について考えたいと思います。

ＩＣＴの活用というと、何か従来とは異なる特別な授業を新たに生み出す、教科内容別にそれぞれの専用ソフトが必要などと考えがちですが、そうではありません。大人にとって、今やパソコンは文房具です。ならば子どもたちにも、汎用的な学習の道具として使えるような環境や約束にしていくのが得策でしょう。

作文の本質は文字を書くことではない

多くの大人は、パソコンをワープロとして最も長い時間使っています。続いて、スプレッドシート（表計算）、プレゼンテーションというところでしょうか。これら三つのビジネスソフトを柱に、さらにメールとインターネット・ブラウザがあれば、ほとんどの仕事はできてしまいます。パソコンを文房具だと考えるならば、当然のことかもしれません。

子ども用の文房具は、鉛筆の芯が少し柔らかく色が濃いとか、ノートの罫線の幅が広いといった違いはありますが、大人が使っているのとほぼ同じものでしょう。パソコンソフトも同様で、まずは通常のビジネスソフトを子どもに提供すればよいのです。

また、ほとんどのビジネスソフトは、基本的な操作において多くの共通点をもっています。したがって、たとえばパソコンをワープロとして使いこなせるようになっていれば、他の多くのソフトもすぐに使えるようになっていくでしょう。

多くの学校ではいまだに作文を手書きで行い清書までさせていますが、ナンセンスです。以前、一文字の脱字に気付いた子どもが丁寧に書いた何行もの文字を消しゴムで消していた

写真1　タブレットのスクリーンキーボードで文章を作成

ところ、原稿用紙が大きな音を立てて破れてしまい、すっかりやる気を喪失する場面に出合いましたが、こんなことをいつまで続ける気でしょうか。

作文の本質は文字を書くことではありません。伝えたいこと、表したいことにふさわしい論理や表現となるよう文章にさまざまな工夫を施すことであり、施した工夫の妥当性を慎重かつ多角的に吟味することです。作文に対するこの本質的な理解を促す意味でも、ある程度長い文章は、ローマ字の指導が始まる三年生からパソコンでの作成を基本にしたいものです。

［写真1］［写真2］は「たから島のぼうけん」というテーマで物語を創作する三年生国語科の「マイプラン学習」の様子です。**［写真1］**では、タブレットに搭載されたスクリーンキーボード機

写真2　タブレットとデスクトップパソコンを用途により使い分ける

能を使って文章を書いています。〔写真2〕の子どもは、物語の構想メモをタブレットに打ち込み、それを見ながらデスクトップパソコンで物語を書き進めていました。こんなところにも、子どもたち一人ひとりの「学び方の得意」が顔をのぞかせています。

国語科の教科書では、説明文の読解に続いて、学んだ形式やポイントを生かして文章を書く活動が位置づけられています。たとえば、光村図書出版の国語科の教科書（三年下）では「すがたをかえる大豆」の学習を基盤に「すがたをかえる食品」の説明文を書くようになっていますので、やはり最初からワープロで作業をするのが得策です。どんな食品をテーマに文章を書くかは、子どもたちによる課題選択学習か課題設定学習にすればよいでしょう。また、それぞれの食品について情報を得る際にも、パソコンが活躍することになります。

最初のうちは文字の入力に時間がかかりますが、手書きと違い、一度入力した文字や文は訂正や推敲の際にも消して書き直す必要がありません。このことに気付いた瞬間から、子どもたちは入力の手間をいとわなくなるから不思議です。さらに、清書はプリンタがやってくれ、誰でも綺麗に仕上がりますから、子どもたちは作文がどんどん好きになります。

印象的だったのは、従来であれば、まとまりごとの文章を書いた短冊状の紙を右へ左へと動かし、どんな順番にすれば最もよい表現になるかと思案する学習場面でした。子どもたちはパソコンの画面を眺めながら、入力した文字列をコピー・アンド・ペーストしては、まとまりの順序をさまざまに入れ替えた文章を複数生み出していきます。そして、そのすべてをプリンタに清書してもらい、机の上に並べて比較し始めたのです。

短冊方式よりわかりやすいし、友達との議論も活性化します。さらには、「この順番にするのなら接続詞がこのままではおかしい」といったことにもすぐに気が付きました。複数の候補の間で悩んでいる子どもの作文を電子黒板で共有するなり拡大コピーして黒板に貼るなりして、クラス全員で検討するといった授業も簡単に実施でき、効果的でしょう。話し合いの中でさらなる順序の可能性が見えてきた場合にも、すぐに文章を作成し、候補に加えられます。

一人一台端末を日常的に活用するのに、文章作成はもってこいの活動です。毎日のように生じる文章作成の要求を柱に据えることで、子どもたちはパソコンの操作はもとより、情報活用に関わるさまざまな資質・能力を短期間のうちに向上させるでしょう。

その意味でも、パソコンは自由に自宅に持ち帰らせ、各自のペースや関心事で思う存分使わせたいものです。操作技術の習熟や機能の理解は「こんなことはできないのかな」といった目的的な活動の中でこそよく進みます。一斉に指導するより、効率的で着実でしょう。

持ち帰りに際し障壁になるのが、家庭のオンライン環境です。それを理由に持ち帰りを躊躇する自治体もあるようですが、ワープロ作業ならオフラインでできますし、さらに相当の時間を要するので、機器になじみさまざまな操作を身に付けるには好都合です。

持ち帰らせて壊れないかと心配する人がいますが、今のパソコンはそう簡単には壊れません。そもそもスペック的に何十年も先までは使えませんから、届いたらすぐに、毎日使い倒す勢いで子どもに委ねるのが賢明です。そうして子どもが学習の道具として使いこなせるようになれば、次の予算取りの際にも地域の賛同が得られるでしょう。

適材適所で上手に使う

文章作成の機会は国語科に限りません。さらに、社会科の調査活動のまとめ、理科の実験レポートなども、徐々にワープロで作成するようにします。その際、目的や対象に応じて写真やイラスト、表やグラフなども含めたトータルな表現を工夫することで、それぞれの資料が果たす役割への理解や、その効果的な運用能力も高まります。

近年、学習における思考と表現の関わりが重視されていますが、考えたことを適切に表現するという方向性に加え、豊かで的確な表現の機会を得ることで自分が何を考えていたかが自覚され、いっそう思考が深まるという方向性にも注目すべきでしょう。その意味でも、表現活動の質とバリエーション、そこで用いる道具の吟味は大切です。

もっと早くから、たとえば、二年生生活科の「まちたんけん」に関わる表現活動などでパソコンを使う実践も増えています。何度も通ってなかよくなったお店の写真を撮らせてもらい、それをアレンジしてお店の様子を紹介する新聞やポスターを作り、プレゼントするといった活動です。教師の方で基本のフォーマットを作成しておけば、指定の場所に写真を画面上で貼り付け、若干の文章を書くだけで綺麗に仕上げることができます。飾り罫などを工夫するのも素敵ですし、いくつかの選択肢からデザインを選べるようにすると、さらによいでしょう。少々経費がかかりますが、光沢のある紙にカラー印刷すると見事な出来栄えになり、子どもはもとよりお店の人たちにも大変喜ばれます。

このような話をすると「手書きをしなくて大丈夫か」と不安がる人がいますが、心配しなくても引き続き毎時間のノートは手書きが基本です。分数や図形、表やグラフを書く算数科のノートをすべてパソコンで打ち込むのは至難の業で、そんな無理をする必要はどこにもありません。要するに適材適所で、文字を中心とした長いテキストを何度も推敲する場合や、一つの作品なり表現として仕上げる場合にはパソコンを用いる方が効果的だし、先々のことを考えても子どもにとって得ることが多いのではないかということです。

さらには、小学校では各学年に書写の時間もあり、文字を正しく丁寧に書く学習はしっかりと確保されています。もし、手書き文字について不安や不満があるのであれば、書写の指導のあり方を研究し、その枠内で十分な学習が生じるようにすべきでしょう。

授業支援クラウドの活用

文房具としてのパソコンの活用では、ワープロなど大人と同じビジネスソフトを基本にすればよいと言ってきましたが、学校教育ならではのソフトもあります。天童中部小で用いているロイロノートなどの授業支援クラウドが、その代表的なものです。

授業支援クラウドは、教師から子どもへの情報伝達、子どもから教師への学習成果報告、さらに子ども同士の情報交流を行う機能を中心に、プレゼンテーションや思考ツール、アンケートなど豊富な機能を兼ね備えていて、天童中部小ではどの学年でも使わない日はないくらい、よく活用されています。

【写真3】は三年生の学級活動の様子で、九月のくらしを振り返り、一〇月から始まる後期のくらしのめあてを立てている場面です。思考ツールの一つであるYチャートを使って学びを深めていきますが、まずは各自で考え【写真4】、さらにクラス全員の意見を大型ディスプレイ上で共有し、話し合っていました。

子どもたちの意見の共有を一人ひとりの発表形式で進めると、それだけで一時間の授業が終わってしまうことがよくあります。もちろん、一人の考えにみんなで丁寧に耳を傾け、結論だけでなくそこに至る考え方の筋道や根拠についても理解すること、さらにお尋ねや反論、関連する意見の共有などは、非常に価値のあることです。

しかし、もっと迅速に情報共有をしたい場合もあるでしょう。そんな時には、各自のノートを机上に開いておき、相互に自由に見て回ったりしたものです。また、グループワークの際には、各班の意見を小型のホワイトボードにまとめて黒板上に張り出すことで、すべての

写真3　3年生学級活動「9月のくらしをふりかえろう」

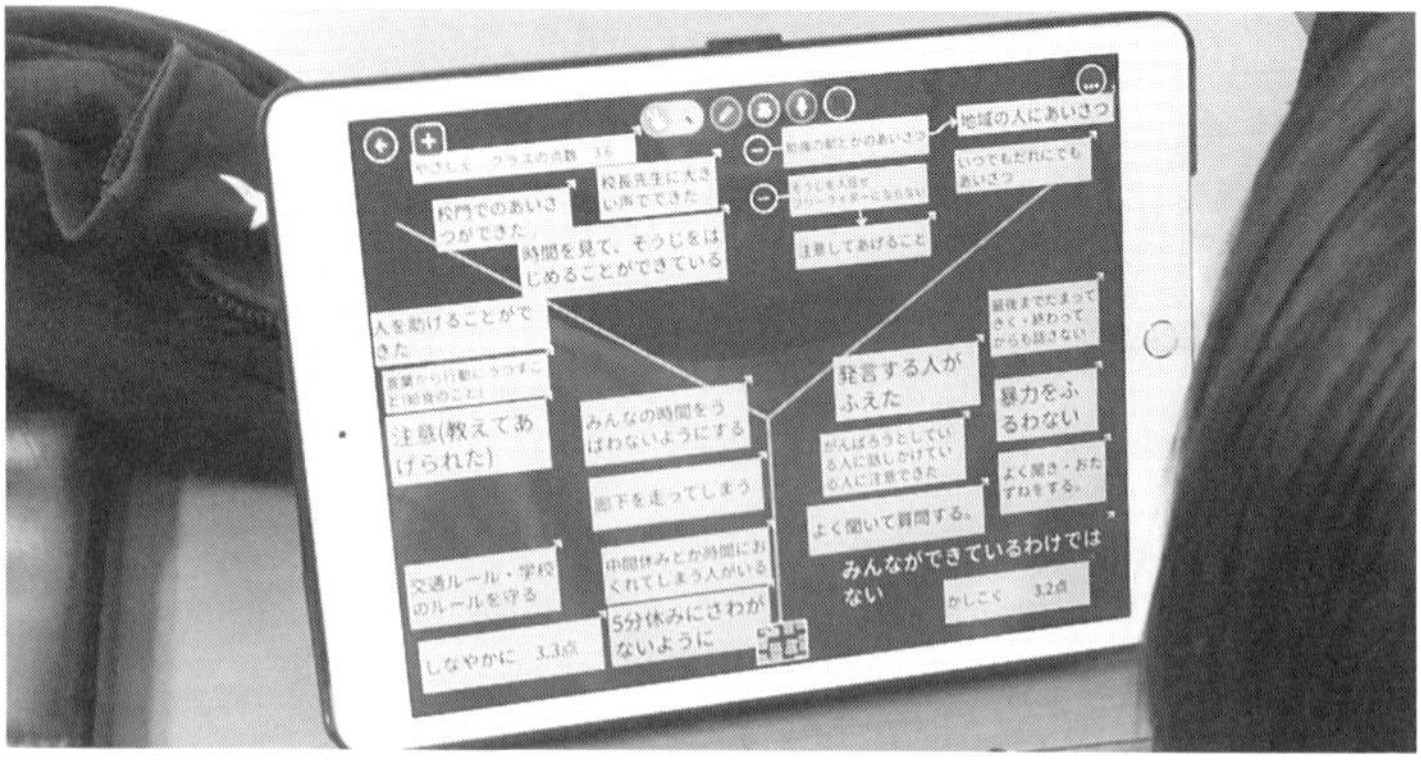

写真4　思考ツール（Yチャート）を使って自分の考えをまとめる

班の考えを一覧できるようにしたりもしました。それでも結構な時間がかかり、また情報量も十分ではなかったように思いますが、授業支援クラウドを使えば、そんな悩みは一気に解消します。さらに、記録も完全な形で残るので、評価の際にもとても重宝するでしょう。

カメラ機能を駆使する

一人一台端末に関わって、これも子どもならではと感じるものに、カメラ機能の活用があります。このところ、大学生でも大事な情報をメモ書きではなく写真に撮って保存することが習慣化してきたので「世代だなあ」と思いますが、デジタルネイティブである子どもたちはさらに日常的に、また実に上手にカメラ機能を使いこなしていきます。

[写真5]は、一年生の四月に実施された生活科の「がっこうたんけん」の様子で、子どもたちは自分が気になるところをどんどん写真に収めていました。教室に戻ったらロイロノートに提出し、各自が発見したことやお気に入りについて話し合います。

[写真6]は、一年生国語科の「すきなものなあに」という「話す・聞く」の授業の様子です。写真に撮ってきた自分の好きなものを見せながら理由も含めて説明し、それを聞いた友達はお尋ねをして、それに答えるという活動をしています。欧米でショー・アンド・テル、「見せてお話し」

写真5　タブレットを手に「がっこうたんけん」

と呼ばれる伝統的な実践ですが、大きなものや動物など学校には持ってこられない好きなものについても、カメラで撮ってくれれば大丈夫です。

生活科で育てるアサガオや野菜の観察でも、従来の手書きの観察記録とカメラを併用します。すると、表したいものによっては手書きの方がよい場合もあることに気付くでしょう。手書きだと輪郭線が描けますが、写真だとぼんやりしてしまうことがあるのです。一方、花びらの色や野菜の表面の質感などを表すには、カメラの方が適しています。目的や対象に適した表現方法や道具の選択は、将来へとつながる大切な学びと言えるでしょう。

第二章で「フリースタイルプロジェクト」に関わって、体育の学習でカメラの動画機能が活躍することを見ましたが、理科の「マイプラン学習」

写真6　自宅で撮ってきた好きなものの写真を見せながらお話し

写真7　一所懸命に練習した音読を録音

で、単元での学習内容を踏まえて行った実験の様子を動画に撮り、ロイロノートに提出するといった試みもなされています。パフォーマンス評価の資料にもなり、一石二鳥と言えるでしょう。

動画は映像だけでなく音声も記録できます。

写真8　楽器の練習でも活躍するタブレット

[写真7] は、一年生国語科の説明文の音読を各自で録音している様子です。何度も録音しては聞き返し、納得のいく音読になるまで粘り強くがんばっていました。この何度でも試せる、繰り返せる、やり直しが利くという点は、パソコンを用いた学習の重要な特徴であり、学びの質を高めるポイントにもなります。同様の取組は、音楽科の学習でも非常に有効です **[写真8]**。

なお、動画撮影や録音は、単元のはじめ、途中、終わりといった具合に間隔をあけて何度か記録を残し、後で振り返ることで、自分の熟達や成長の様子を確認することもできます。自らの学びの記録を残し振り返ることの大切さや意味の理解、またその習慣づけという点からも、このような機会を適切に設定することは重要な支援と考えられます。

情報伝達の授業はもういらない

内容を通して資質・能力を育てる

ＩＣＴの本領は、いつでも簡単に膨大な情報にアクセスできる点にあります。わからないことや知りたいことがあれば、すぐに調べる習慣をつけ、また的確な情報検索ができる能力を身に付けることは、「情報化が加速度的に進むSociety5.0時代において求められる」最も基礎的で汎用性の高い学力の一つでしょう。したがって、学校にはそれが可能となるような体制を日常的に整えることが望まれます。

このことは、授業のあり方を大きく変貌させる可能性を秘めています。一つの事例で考えてみましょう。中学校の事例になりますが、考え方自体は小学校でも同じです。

中学校二年生社会科「北海道の農業」の授業です。北海道では広大な土地を生かした大規模な農業が展開されていること、そのために大型機械を使い作業の効率化を図っていること、冷涼な気候に適した作物に力を入れるほか、牧草が育ちやすい気候を生かした酪農も盛んであり、全国で生産される牛乳の半分以上が北海道産であることなどを、一時間かけて教えていました。豊富な資料を提示し、それを足場に生徒たちに問いを投げかけ、予想させたりグループで話し合わせたりする、近年における標準的な授業だったと思います。

ところが、授業後の休み時間に一人の生徒がパソコンで「北海道の農業」と打ち込んで検索したところ、NHK for Schoolの「北海道の農業」というそのものズバリの動画を見つけました。所要時間は二分五三秒で、豊富な映像とデータに基づく説明がなされています(1)。

「わかりやすいし、よくできてるなあ。これで勉強する方が早いし、いいかも」

生徒の率直な感想です。先生には申し訳ないのですが、教科書を片手に、しっかりとメモを取りながらこの動画を各自のペースで繰り返し見た方が、より短い時間で先ほどの授業よりも着実な学習が全員に生じるのは、ほぼ間違いのないところでしょう。

「それでは、私が教えることがなくなります」と言いたいのはわかります。しかし、これが情報通信環境のリアルです。すでに子どもたちはその中で生きていますし、さらに未来に向かって生きていきます。これを受け入れ、前提として、授業のあり方を見直すべきでしょう。

すると、実は「私が教えること」は、その先にいくらもあることが見えてきます。北海道の農業について一定の知識を得たからこそ、立ち上がってくる問いがあるのです。

たとえば、北海道の農業は規模が大きく、二〇二〇年の一戸あたりの耕地面積は30.21haで、全国平均3.05haの一〇倍以上でした[(2)]。ところが、海外と比較すると、アメリカは179.7ha（二〇一九年）、オーストラリアに至っては4442.9ha（二〇一八年）と、文字どおりの桁違いです。さらに、同じ島国で面積的には日本の七割に満たないイギリスが、90.1ha（二〇一六年）となっています。ちなみに、フランスは60.9ha、ドイツは60.5ha（ともに二〇一六年）でした[(3)]。

北海道の農業は日本の中では大規模ですが、世界的に見るとそうでもありません。それはなぜか。さらに多くの資料に分け入り、さまざまなデータを駆使して地理的に、はたまた政治や経済、歴史の観点からも検討し解明すべき学習問題でしょう。

一つだけヒントを出せば、二〇一九年現在のイギリスの耕地面積が175,213km^2、フランスが286,212km^{2}なのに対し、日本は43,970km^{2}にすぎません[(4)]。これには、耕作に適したそもそもの平野の広さの違いなどが影響しています。日本の地形は起伏に富んでいて、森林の割合が67%と高く、広々としたイメージの北海道も、実は71%が森林です[(5)]。こういう知識を踏まえてヨーロッパ各地の写真や動画をあらためて眺めるのも、なかなかに楽しいのではないでしょうか。もちろん、ここでも一人一台端末が大活躍します。

生徒の中には、これら地理的な事情を勘案してもなお、日本の一戸あたりの耕地面積は少なすぎないかとの疑問を抱く者もいるでしょう。いや、そのような問いをもつ生徒にこそ育てていきたいものです。考えられるのは政治や経済、あるいは歴史的な事由になります。まさに、社会科ならではの多面的、多角的な学びとなるのです。

「北海道の農業の学習なのに、どうしてそこまで広げるのか」と疑問に思うかもしれませんが、二〇一七年版学習指導要領は資質・能力を基盤とした学力論を採用しました。北海道の農業に詳しくなること自体にもそれなりの意義はありますが、さらに、それを事例として社会科的により深い問いを発し、さまざまな資料やデータを駆使して予測を立てたり検証したりすることが、いっそう重要になってくるのです。

学習指導要領が求める「内容を通して資質・能力を育てる」とは、たとえばこのようなことです。すると、内容に関わる一定の理解は、事前に家庭で動画を視聴する「反転学習」の可能性なども含め、ＩＣＴを利用していち早く終え、そこからもう一段深い学びへと進んでいく流れを、むしろ標準としてはどうでしょうか。一人一台端末により、主体的で対話的で深い学びが実現される可能性は一気に高まるのです。

さらにその先の学びへ

さらに、別の方向へと深めることもできます。たとえば、北海道で生産される牛乳の七割程度はバターやチーズなどに加工されますが、それでもピーク時には一日100万リットルの生乳が関東方面に出荷されます。では、その輸送手段は何か。少々時間がかかっても、大量の重い荷物を安く遠くに運ぶ手段といえば、そう、船です。

北海道の農業協同組合連合会であるホクレンは、自前で貨物専用のフェリー「ほくれん丸」を二隻所有しており、釧路港から茨城県の日立港までの約1000キロを二〇時間の高速で毎日ピストン輸送しています。これもホクレンのホームページで見られますが、生乳専用に作られたタンクローリーが道東全域から釧路港に集結し、そのまま船に乗り込んでいく様子は圧巻です(6)。

この学びは、農業における流通の重要性を印象づけるに違いありません。ならば、さらに追い打ちをかけましょう。農業と流通の関係に関する別な事例についても検討を加え、相互に関連づけることで、より深く統合的な概念的理解へといざなうのです。

沖縄の農業も北海道と並んで特徴的ですが、流通の観点から興味深いのは花卉《かき》、とりわけ菊でしょう。小菊の需要のピークは、三月と九月のお彼岸です。ところが、他地域では三月はまだ寒く、小菊の栽培に適しませんが、暖かい沖縄なら大丈夫です。それでも、花の咲く時期は光の当たる時間で決まるので、電球で照らすなどの工夫によって出荷時期を調整してきました。かくして、三月に市場に出回る小菊のほとんどが沖縄産となっています。

沖縄も北海道同様、首都圏や関西圏などの大都市部から遠く離れています。しかし、小菊は軽いので、主な輸送手段は飛行機です。それでも、草丈の短縮や出荷箱の見直しなど、コストを抑える工夫に余念はありません。また、ピーク時には定期便だけでは間に合わず、貨物専用便をチャーターして運んでいますが、割高となって生産者を悩ませています。沖縄の小菊の出荷の難しさは、お彼岸という特定の短い時期に需要が集中する点にあり、その解消に向け、航空輸送と並行して保冷コンテナによる船での輸送も行われています。

ちなみに、小菊についてもNHK for Schoolに「気候をいかした沖縄の農産物」という動画があり、興味深い事実の数々も、一人一台端末で簡単に調べることができます[7]。もちろん、重要なのはその先です。授業では、これらの興味深い事実を「ほくれん丸」の学びとも関連づけながら、農業と流通の関係に関する、より一般的で原理的な理解へと迫ります。

加えて、鉄道やトラックなど別な輸送手段の特質や、それがどのような地域のどのような農業といかなる関わりがあるかを探究するのも面白いでしょう。少し特殊な例になりますが、コロナショックにより需要が激減した高速旅客鉄道の空席を利用して、果物や野菜の鮮度を保ち輸送するという試みが各地で進められました。西武鉄道の特急座席に埼玉県秩父地方の朝採れシャインマスカットが鎮座し、池袋のデパートで一房二〇〇〇円で売られる様子を伝える動画などもあります(8)。この部分は、課題設定学習にしてもよいでしょう。

社会科は「暗記もの」と呼ばれたりしてきましたが、多様な他者と協働しながらどのような社会を建設していくかを考え行動する教科であるべき社会科が、事もあろうに「暗記もの」であってよいはずがありません。この理不尽の最大の理由は、社会について深く考え行動するための基盤となる情報を伝達するのに多くの時間と労力をかけてしまい、肝心なその先に進むことができなかった点にあります。情報伝達の授業に終始していたことが、社会科を「暗記もの」に貶《おとし》めてきたと思うのです。

一人一台端末は、この状況を大きく変革する可能性を秘めています。もちろん、これは社会科に限りません。他の教科等でも、情報の取得や事実の確認はもっとすばやく、また着実に進められるようになるでしょう。かくして、学びはさらにその先へ、あるいはより統合的なあり方へと、無理なく無駄なく進むことができるようになるのです。

もっとも、このことは教科等の本質や「見方・考え方」に関する、より深い洞察や幅の広い見識を教師に求める状況を招来します。なかなかに大変ですが、気負うことはありません。懸命に研鑽《けんさん》を積むとともに、それでもわからないことに出合ったならば、第五章で述べたように「四一人目の追究者」として、子どもたちと同じ目線で一つひとつ学び深めていけばよいのです。「教師は何でも知っていないといけない」「あらかじめ知らないと教えられない」といった硬直した思い込みからの脱却こそが、今求められています。よい学び手としてのモデルを身をもって示すことが、これからの教師の重要な役割になってくるのです。

時空を超えて連続する学び

「モノ」から「コト」へ

一人一台端末と言ってきましたが、ハードウェア以上に大切なのがユーザーアカウントです。これにより、クラウド上にストレージをもち、さまざまなクラウド上のシステムやプログラムにアクセスできます。このことは、自分のアカウントでログインすれば、どの端末からでも自分のデータや情報環境を使える環境が整ったことを意味しているのです。

たとえば、自宅のパソコンに自分のアカウントを入力してログインし、クラウド上のストレージにファイルを保存しておけば、翌日、学校の端末でファイルをダウンロードし、先生に提出したり友達に紹介したりできます。また、個人のファイルをすべてクラウド上に保存しておくことで、端末が故障しても予備の端末にログインすれば、直前まで編集していたデータを読み出し、そのまま学習を継続することが可能です。

アカウントが主でハードウェア（端末）が従であるという関係は、「モノ」から「コト」へと変化する、今の社会をよく象徴しています。これまで、私たちは車という「モノ」を買うことで遠くまで自由に移動する機能、「コト」を手に入れてきました。しかし、今や個人では車を買わず、共有することで移動という機能を手に入れるカーシェアが広がりを見せています。Society5.0も持続可能な社会も、「モノ」から「コト」へという社会の構成原理の変化として、よりよく理解できるでしょう。

「モノ」がなくても必要な「コト」が行える。アカウントの適切な運用を通してこのことを経験し理解することは、ＧＩＧＡスクール構想のねらいの一つでもあります。一人一台端末は、これからの社会の基盤となる情報環境の特質を感得する絶好の機会なのです。

授業と家庭学習の一体的な充実

「モノ」に依存しない「コト」のあり方は、私たちを場所の制約からも解放してくれます。東京都の鷹南学園三鷹市立東台小学校では、学校か家庭かに関係なく連続した学びを展開できるよさに注目し、【図1】のような四つの視点を挙げて実践研究に取り組んでいます。

図1　オンライン活用の4つの視点
（「令和2年東台小学校ハイブリッド型学習研究紙面発表リーフレット」より）

視点その3の「反転学習」は、家庭での予習により、学校での協働的な学びの効率化とさらなる充実をねらうものです。「北海道の農業」の動画を自宅で視聴し、ポイントをワークシートにまとめる学習を宿題にするといった取組がこれに当たります。授業の冒頭、ペアやグループでワークシートの内容を確認することにより、教師が指導していた際には五〇分かかっていた内容を、一〇分程度で終えることができるでしょう。

視点その4の「補習・定着」は、ＡＩドリルや動画視聴など、パソコンならではの強みを生かして基礎学力の着実な定着を目指す取組です。もっとも、これらは以前から広く実践されてきたものであり、さらに興味深いのは視点その1とその2でしょう。

まとめや振り返りを家庭で行う視点その1には、OECDなども学力の重要な要素として位置づけてきた省察（リフレクション）の深まりと習慣化への寄与が期待されます。全員が共通に押さえるべきまとめもありますが、さらに今日の学びの自分にとっての意味を熟考し自分なりの言葉で表現することで、学びはいっそう自分ごとになっていきます。

振り返りの中で、今日の授業で疑問に思ったことやさらに深め広げたいことを考え、実際に調べてくる子どもも出てくるでしょう。視点その2の「探究」は、このような動きを想定し期待したものであり、適切に生かすことで、子ども主体で展開する授業の基盤としていくことを目指します。

振り返りはすぐにアップロードされ、担任はその日のうちに今日の授業に対する子どもたちの省察や意味づけを知ることができます。授業中に「わかりましたか」と問われ「はい」と答えた子の中にも、本当は「はい」ではなかった子もいるかもしれません。また、授業中はたしかに理解できたと思っていても、自宅で一人になってあらためてノートを眺めてみて、よくわかっていない部分に気付くことも十分にあり得ます。そのことを自覚し先生に知らせることは、学びへの誠実さと丹念さにおいて、子どもにも教師にも望ましいことです。教師は子どもたちの理解状態を踏まえ、明日の授業をよりよいものにしていけますし、そうすべきでもあります。これは、指導と評価の一体化の新たなあり方と言えるでしょう。

蓄積された振り返りは、学期末の総括的評価の際にもたしかな拠り所となります。併せて、今学期の学びを自分なりに自己評価すべく、子どもにも振り返る機会を設けるとよいでしょう。さらに、自己評価結果について先生と話し合い、両者の合意の下、総括的評価に加味するというのも一案です。二〇一七年版学習指導要領では従来の評価が教師からの一方向的で確定的なものになりがちであったことを見直し、評価は子どもと教師による双方向的で可変的な「コミュニケーション」であるべきとの考え方が打ち出されていますが、その実践化に際してもICTは有効な道具立てとなります。

一人一アカウントの教育を基盤に、学校での協働的な学びと家庭での個別最適な学びを時空を超えて結びつけ、連続性のある自分ごとの営みとすることで、主体的・対話的で深い学びは新たな地平を獲得し、さらに立体的に躍動するのです。

なお、端末の家庭への持ち帰り、また学校で配布されたアカウントの他のデバイスでの利用等については、すでに地域の教育委員会や各学校においてさまざまな見地から検討がなされ、基本的なルールやマナーを子どもや家庭と共有するとともに、フィルタリング等の必要な措置も講じられていることと思います。

それでもなお、予期せぬ問題は生じるでしょう。そのすべてを先回りして封じ込めるべく規制を強化してしまうと、できないことだらけになってしまい、せっかくのパソコンを学びの拡充や活性化にほとんど生かせなくなってしまいます。さらには、子どもの情報環境を現実世界と乖離したいびつなものにしてしまう危険性もあります。このように考えるならば、ＩＣＴそれ自体をどうこうするよりも、生徒指導的な視点からのアプローチが望まれます。

そして、まさに生徒指導の一般原則でもありますが、ＩＣＴについても一切の問題が起きないことを前提にするのではなく、問題が起きた時にどのように対処するか、その基本方針を校内でしっかりと議論し共有しておくことが肝要です。

また、やはり生徒指導的な観点から言えば、マイナスからゼロへという治療的なアプローチと並んで、よりプラスの方向に子どもを導く予防的なアプローチが有効になってきます。実際、最大の予防効果は、子どもたちが一人一台端末で自分が望む学びやくらしを思う存分に実現したという経験を豊かに得ることによってもたらされるのでしょう。その経験が子どもの中に生み出すＩＣＴのイメージが、その後の利用のあり方をおのずとポジティブなものへと向かわせるからです。その意味でも学校を、子どもが本気で取り組んでみたいことに存分に挑戦できる場にしていきたいものです。子どもたちがなりたい自分をイメージし、それに挑戦する機会が学校で提供され、その中でＩＣＴがさまざまに役立つことを実感できるようカリキュラムを組み、ＩＣＴの利用環境を整えていくことが望まれているのです。

(1) NHK for School「北海道の農業」
https://www2.nhk.or.jp/school/movie/clip.cgi?das_id=D0005403141_00000

(2) 農林水産省　農地に関する統計「1経営体当たり経営耕地面積（農業経営体）」を参考にした。
https://www.maff.go.jp/j/tokei/sihyo/data/10.html#1

(3) 農林水産省　食料・農業・農村政策審議会食糧部会 資料（令和三年二月二六日開催）
参考資料6　九四頁「経営規模・生産コスト等の内外比較」を参考にした。
https://www.maff.go.jp/j/council/seisaku/syokuryo/210226/attach/pdf/index-15.pdf

(4) FAOSTAT（国際連合食糧農業機関の統計データベース）のLand UseにおけるAgricultural landの数値を参考にした。
https://www.fao.org/faostat/en/#data/RL

(5) 林野庁　統計情報「都道府県別森林率・人工林率（平成二九年三月三一日現在）」を参考にした。
https://www.rinya.maff.go.jp/j/keikaku/genkyou/h29/1.html

(6) ホクレンHP内「ほくれん丸」ページ
https://www.hokuren.or.jp/about/hokurenmaru/

(7) NHK for School「気候をいかした沖縄の農作物」
https://www2.nhk.or.jp/school/movie/clip.cgi?das_id=D0005310902_00000

(8) 時事ドットコムニュース「西武鉄道、秩父のシャインマスカット特急輸送」二〇二〇年一〇月二一日　https://www.jiji.com/jc/movie?p=j001760

※ 注(1)～(8)すべて最終アクセス二〇二一年一二月四日

立冬。6年生と教職員のプロジェクトメンバーで合同会議
後方には、来年度を見据えて5年生がオブザーバーとして参加します
［来年度のフリースタイルプロジェクト運営に向けて］

第8章

教師の専門性を問い直す

自立的に学び進める子どもを前にして

　個別最適な学びと協働的な学びの一体的な充実を巡って、第二章では天童中部小の取組を紹介し、第三章から第七章では、子どもが自立的に学び進める学習の基盤となる子ども観の問い直しと、実践創造の原理としての自己決定的学習、環境による教育、さらに新たに加わった道具立てであるＩＣＴの可能性について考えてきました。

　そこから見えてくるのは、教師の都合とタイミングで教える授業から、子どもたちの都合とタイミングで学ぶ学習への転換です。今や学校学習は、教師による情報の伝達を基本的な作業とするあり方から、子どもたちによる意味の創出を中心的な主題とするあり方へと、その姿を大きく変えようとしています。

　そこで問われるのが、教師が果たすべき役割であり存在意義です。天童中部小に現出する学びの景色と子どもの姿は、すべての子どもは有能な学び手であり、適切な環境と出合いさえすれば、自ら進んで環境に関わり、その相互作用の中で自ら学びを進め、深めていく存在であることを証明しています。そのような学びに際し、多くの場合、教師は子どもの前に立ちません。すると、教師は何をするのか。有能な学び手としての子どもの姿から突きつけられたのは、「教師は何のためにいるのか」という問いでした。

もちろん、新たに主要な教育方法となった学習環境整備や、これまで以上にその重要性が高まってくる子どもの見取り、そしてタイミングよく行われる個別的な支援は、教師がなすべき大切な仕事の数々であり、高度な専門性が求められることになります。

その一方で、子どもたちの前に立つ時、教師は何をするのでしょう。第二章の終わりで確認したとおり、改革を進めてきた天童中部小でさえ、授業時数の八割は引き続き教師が黒板の前に立つ授業なのです。同じく協働的な学びでありながら、子どもたちだけで進める「自学・自習」との違いはどこにあるのでしょう。

天童中部小が「仲間と教師で創る授業」と呼ぶ枠組みの中で、教師はどのような学習指導を計画し、実施すべきなのか。そこにおいて教師に求められる専門性とはどのようなものなのか。本書の最後に、このことを考えたいと思います。

具体的には、まず、天童中部小の大谷敦司校長、さらに同校の研究をよく知る齊藤一弥先生と佐藤卓生先生に、これからの時代に求められる教師の専門性について、ご自身の授業実践を足場に提案していただきました。論考の項目立てからして「授業の趣旨と問題意識」

「教科等の本質」「発揮すべき教師の専門性」「学びを深める子どもの姿」といった見慣れないものになっているのも、単なる実践紹介や指導法の工夫ではなく、授業の事実を通して教師の専門性とは何かという問いと対峙することを意図したからにほかなりません。

それに続いて、実践提案をいただいた三先生とともに、座談会形式で自由な討論を行いました。昔話も飛び出しますが、けっしてノスタルジーではなく、かつての日本の学校文化や教師文化、幾層にも積み重なっている豊かな実践資産の中に、今こそ未来に向けて継承し、さらに発展させていくべきものが数多くあることを確認しているのです。

最後に、天童中部小の今を担い、山形県、そして日本の教育の未来を切り拓いていく四名の若手の先生方に、自分たちが取り組んできた個別最適な学びと協働的な学びについて、さらに教師としてのこれからの展望と抱負について、自由に語っていただきました。

彼らの語りを聞きながら確信したのは、バトンは若い世代へと確実に受け継がれているし、また受け継いでいかなければならないということでした。一五〇年の時を経て、日本の学校教育は今、「雀の学校」との決別を果たし、新たな一歩を踏み出そうとしています。

実践提案　小学校国語科第三学年

お気に入りの詩をさがそう！つくろう！

佐藤卓生

授業の趣旨と問題意識

詩は、近代詩、現代詩を指すことが多いのですが、たとえば短歌や俳句なども含めた韻文芸術の総体を包括的に指し示す場合もあり、その形態、様式等は実に多様です。しかし、総じてそこで使われている言葉は含意的であり、感覚・感情・思い・思想などを含み込んでいる場合が多いと言えます。また、物語では文脈などが、こうした含み込まれた意味を推し量る手がかりになりますが、詩の場合には文脈的つながりが見いだしにくいものが多いです。

こうした詩を子どもが読むということは、作品の言葉・表現をとらえ、感覚や感情、思い・経験等を総動員させながら自分の内面に作品世界を構築する営みであると考えます。さらに、提示された詩を読むだけではなく、その経験をもとにして図書室の図書等に目を通しながら自分の「お気に入りの詩」を見つける活動は、詩や言葉を媒介にして自分や自分の経験をとらえ直したり、自分にとっての詩や言葉の意味や価値を更新する契機になると考えます。

本単元ではまず、光村図書出版の教科書（三年上）に掲載されている「わたしと小鳥とすずと」「夕日がせなかをおしてくる」という作品を読み、感想を話し合う活動からスタートしました。子どもたちは、自分が思い描いた世界をもとにしてそれぞれ個性的な感想を話すことが予想されました。そこで、こうした感覚や感情の部分を丁寧に聞き合いながら話し合いを進め、「お気に入りを見つけよう」という単元のめあてを提案することを考えました。一人ひとりが「お気に入りの詩」を探す活動を行い、決定したら色上質紙等に視写しイラストや自分のコメントを添えた作品をつくり、掲示するという展開を予定しました。

教科等の本質

以前、一年生を担任した時のことです。朝のスピーチの時間に、A児が次のような話をしました。

「この間お母さんに、玄関の靴をそろえなさいと言われたんだけど、その時『今やるところだったの』って大きな声で言っちゃった。本当はお母さんのこと大好きなんだけど、いつも口答えしちゃうんだ」

これを聞いていたB児が「ちょっといい？」と手を挙げ、次のような話をしました。

「私もね、お母さんに口答えするよ。でもね、私はお母さんが好きだから口答えするんだよ。『なのに』でなく『だから』だよ。好きでない人には口答えなんかしないもの」

これを聞いてはっとしました。B児はどちらかというと、友達と関わることが苦手で、時々トラブルになってしまうこともある子どもでした。そんなB児のこれまでの経験、つまり、親密でない関係の人に感情をあらわにしたような関わり方をするとトラブルになって、よい関係を築くことができなかったような経験が、「好きでない人には口答えしない」という言葉につながっているのではないかと考えました。

A児もB児も、「口答え」の「目上の人に逆らって言い返すこと」という辞書的意味については理解できています。しかし、自分の経験と照らし合わせた場合、それぞれにとっての固有の意味は、「つい意地を張ってやってしまうもの」なのか「本当に心を開いた人だけにできるもの」なのかという点で大きく異なっています。この事例から、一人ひとりの子どもの内面の「ことば」と「経験」との狭間《はざま》には、きわめて個性的な世界が広がっているのではないかとあらためて考えさせられました。

国語科の学習を考える際に、こうした視点から子どもをとらえることはきわめて重要であると考えます。つまり、固有の感覚や感情、経験を基盤として、感嘆詞やあるいはそこまでにも至らない、明確に「言語」とは言い難いようなレベルから、そのまま言語化されても他者に十分通じるぐらいまで整理され筋道立てられたレベルまでの「ことば」が存在すると考えられる子どもの内言領域をとらえ、この領域がより豊かになるような学習を構想していくことが重要であるということです。さらに、この内言領域が豊かになることは、その過程において、「ことば」に関する「知識及び技能」「思考力、判断力、表現力等」の習得が不可欠であると考えます。

本単元で、「どちらの作品がお気に入りか」という視点から教科書に掲載されている二つの詩を読み比べた場合、子どもたちは感覚的（暗黙知的）にとらえた作品の印象を「好きだなあ」等のように言語化し明らか（形式知的）にとらえようとするものと考えます。しかし、もっと他に「お気に入り」と言える詩があるのではないかと考える子どもも多いのではないでしょうか。そこで、作品の表現に着目しながら、自分が本当にお気に入りと言える作品をさがしてみようという意識をもち、「お気に入り」さがしの活動に向かうことが予想されます。この、感覚的（暗黙知的）に「お気に入り」と感じた作品の表現等を吟味しながら「お気に入り」の理由を明らか（形式知的）にしようとする過程が、国語科の本質の一つであると考えている、内言領域を豊かにすることにつながるのではないでしょうか。

発揮すべき教師の専門性

述語中心の構造をとることや省略等が多いこと、単語同士が文法的につながっていること などが「内言」の特徴であるといわれますが、子どもがすらすらと話すことができることは、実は内言領域においてすでにある程度整理され筋道立てられている内容であると考えます。こうした内容は外言化されていなくても、すでに子どもが形式知的にとらえている内容であるため、これを発話という形をとって外言化しても、単に内言領域に形成された原稿を読むような状態であるため、内言領域を豊かにするために十分なものであるとは言い難いのではないでしょうか。

そこでまず、学習材と関わった時に、子どもの感覚や感情、思考等が大きく動くであろうと考える箇所・時期を予測して学習計画を立てたり、学習が展開していく中で感覚や感情、思考等が大きく動いたと推し量ることができるような子どもの姿をとらえたりしながら、子どもがそれらを確かめることができるように、適切に立ち止まる時間を設けることが必要になります。

さらに、こうした立ち止まりの時に、子どもからまず話されることは、整理されたり筋道立てたりしていないためにスムーズでなく、言い淀《よど》んだり、言い直したり、あるいは途中で沈黙したりする場合が多いのではないでしょうか。こうした内容について、問い返し等の言語化できるような働きかけをしていくことが必要になります。

このようにしながら、感覚や感情のレベルでとらえていたことが言語化されたり、分散的・直感的だった思考が文脈をもつ思考として紡がれたりしていく過程において、内言領域が豊かになるのではないかと考えます。

こうした教師からの働きかけ・支援のためには、いわゆる子ども理解や教材研究を十分に行うことが不可欠であることは言うまでもありませんが、子どもと教材の関係性は常に変化し更新されるものであることを考慮に入れながら、子どもと教材を常にとらえ直していくことが重要です。

学びを深める子どもの姿

本単元ではまず、教科書に掲載されている二つの詩を提示し、どちらの詩がお気に入りかという視点から作品の感想を書きまとめる活動を行いました。そしてその後、この感想につ

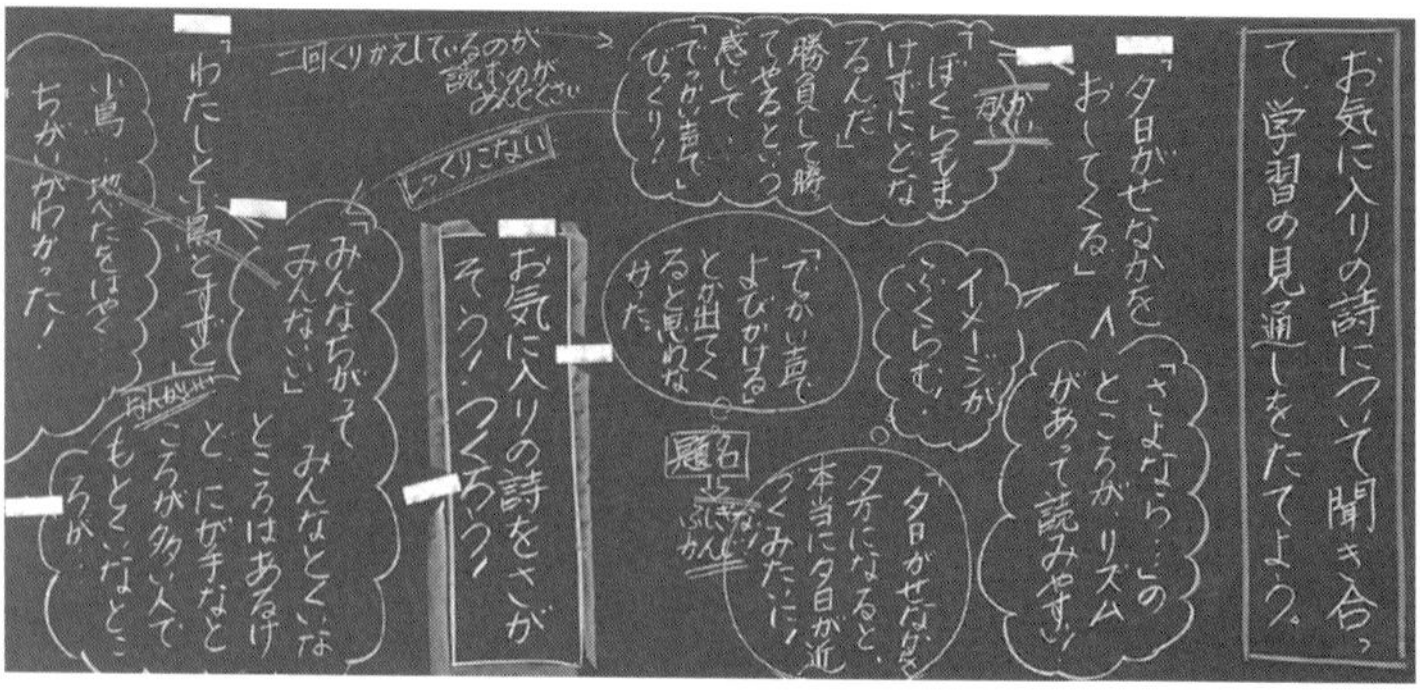

いて話し合い、学習の見通しについて話し合う活動を行いました。

話し合いでは、まずC児が、「『夕日がせなかをおしてくる』の方がお気に入りです。『さよなら　さよなら』のところがリズムがあって読みやすいし、イメージがふくらむからです」と話した。これに対して授業者は、「イメージがふくらむってどういうこと？」と問い返しを行いました。するとこれに対してC児は、一分以上の長い沈黙の後、たどたどしい話し方で、「自分も家に帰る時こんなことがあったんだけど、『夕日がせなかをおしてくる』というのが夕方が近づいてきているなあという感じがするというか……、不思議な感じというか……」と話しました。そこで、「ということは、この詩を読むと自分のその時のことが頭に浮かんでくるということかな？」と確認するとC児は、うなずきました。実はこの時、十数名の参観者がいました。そのため、C児

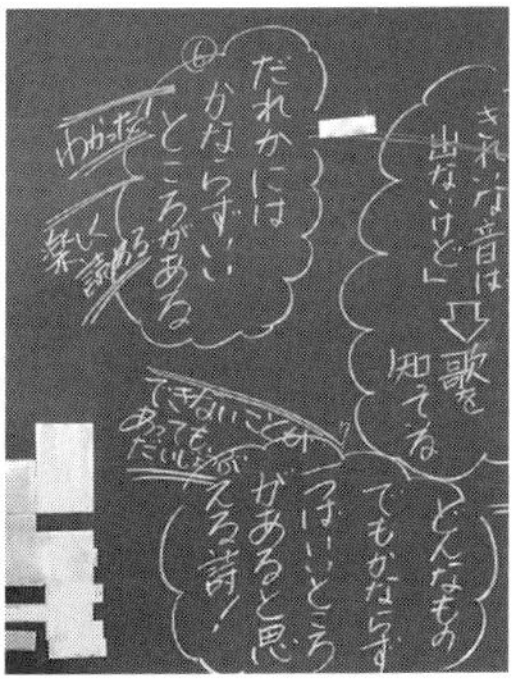

写真1　板書

の沈黙やたどたどしい話し方は、緊張していたからだと考えることもできます。しかし、C児はこの日の日記に、「国語の時間、たくさんの人がいました。一回目にあてられても全然きんちょうしないで話すことができました。はじめにノートに書いていなかった『イメージがふくらむ』ということについての私の気持ちまでいろいろな人に伝わってよかったです」と書いていました。ここから、「イメージがふくらむってどういうこと？」という授業者からの問い返しによって、内言領域において感覚的にとらえていた「イメージがふくらむ」ということが、自分の経験と結びついて呼び起こされたことがわかります。また、こうしたことを形式知的にとらえることができたこともうかがい知ることができると考えます。

F児は、「『夕日がせなかをおしてくる』の『ぼくらもまけずにどなるんだ』というところが、『勝負してやる』っていう感じがしてこっちの方がお気に入り」と話しました。これに対して、E児が「じゃあ、『わたしと小鳥とすずと』はどうなの？」と質問しました。すると、F児は「『わたしと小鳥とすずと』はなんかしっくりこないというか……」と答えました。そこで、授業者が「しっくりこないというのはどんな感じ？」と質問しましたが、F児は「しっくりこないというのは……」と口ごもって、それ以上は話すことができませんでした。F児は、E児からの問い返しによって、自分には「しっくりくる」詩と「しっくりこない」詩があるということを自覚します。しかし、授業者からの問い返しには、しっくりこないのはなぜなのかということを明確にとらえることができませんでした。

このような話し合いが続き、授業の終わりが近づいた時に、子どもたちに「みんないろんな感想をもったみたいだけれど、これからどのように学習を進めようか？」と聞きました。すると、話し合いの間、「○○の方がお気に入りと言ったけどもう一つの方はどうなの？」という質問をよくしていたE児が、当初予測していたように、「教科書の二つの詩もいいんだけど、図書室とかで探すともっとお気に入りの詩が見つかると思うから、お気に入りの詩をさがしてみたい」と言いました。そこで、子どもたちに「みんなそういう進め方でいい？」と聞いてみました。すると先ほどの話し合いで「しっくりこない」という話をしていたF児が、「やっぱり、自分がつくったやつが一番しっくりくると思うから、僕は図書室でいろんな詩を読んでみた後で自分で詩をつくってみたい」と話しました。先ほどの話し合いの中で明確に言い抜くことができなかった「詩が自分にとって『しっくりくる』とはどういうことか」ということが、今回の学習における、F児の問題意識の一つになったものと考えます。F児の意見に同意する子どもが五～六名いました。そこで、当初の計画を若干変更して、本単元のテーマを「お気に入りの詩をさがそう！　つくろう！」とすることにしました。
当初の計画どおりではなく、詩をさがしたいという子どもとつくりたいという子どもが出てきたために、四時間程度で一人ひとりが学習の進め方の計画を立てることにしました。計画を立てる段階で、G児がやってきて、「お気に入りの詩を探すのはいいんだけれど、探したらみんなとまた話し合ってみたい」と話しました。「なんでまた話し合いたいの？」と聞くと「お気に入りのイメージを確かめたり広げたりすることができると思うから」ということでした。そこで、「じゃあ、みんなに話をしてみて、いいって言ったら話し合いの時間をとろう」と言うと、G児は一人ひとりに事情を説明し、話し合いの時間を一時間計画の中に入れてもらうことができました。

それから、子どもたちは各々の計画に従い、図書室の使用割り当てのクラスの担任に交渉し図書室に通って、お気に入りの詩を探したり、その上で自分の作品

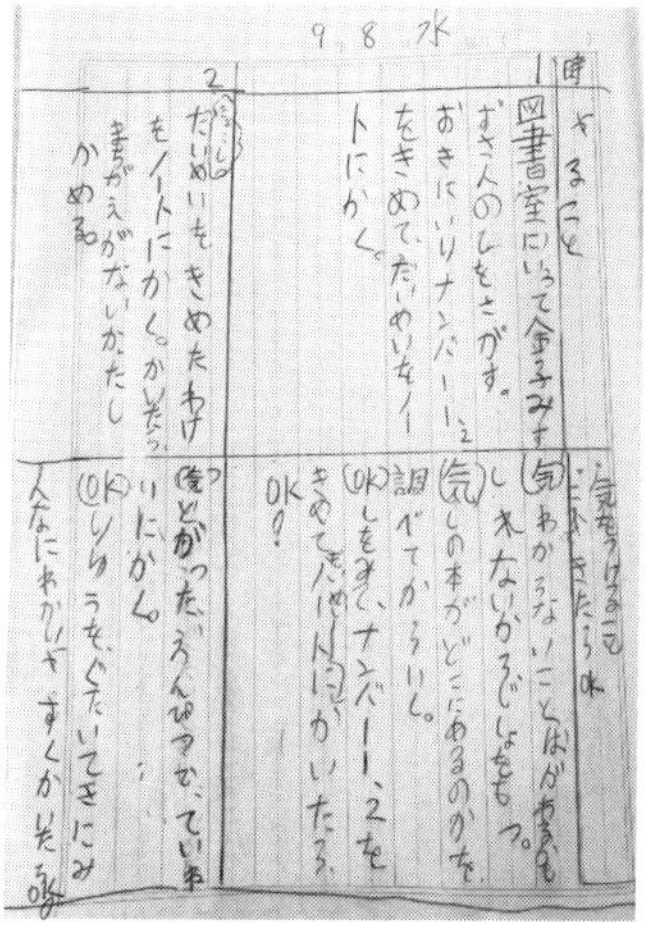

写真2　子どものノート

このようにして、一人ひとりがノートに学習の計画を立てました。この子は、金子みすゞの作品を中心に「お気に入り」を探そうと考えています。「わからないことばがあるかもしれないからじしょをもつ」等の記述から具体的に自分の学びをイメージしていることを見て取ることができると考えます。

をつくったりしました。

その後、G児の考えたように、話し合いをもちました。その話し合いの中で、学習の見通しを立てる段階で「しっくりこない」という話をしていたF児は「僕がしっくりくるのは、毎日のくらしがテーマになっているものだとわかった。だからくらしをテーマにした詩をつくった」と言って自作の「食事」を題材にした詩を発表しました。

F児は当初、二つ詩を読んで、「勝負してやる」という感じがするから「夕日がせなかをおしてくる」の方が好きと語っていました。部分的な表現に対して感想を述べていたと言えると考えます。しかし、E児からの「『わたしと小鳥とすずと』の方はどうなの」という問い返しを受け「しっくりこない」と答えます。「しっくりくるかどうか」という視点から詩と向き合っている自分を自覚するようになったということができるのではないでしょうか。部分的な表現に対する感想だったものが、「詩作品に対する自分の向き合い方はどのようなものか」という文脈をもった思考に紡がれ始めた様子であると言うことができると考えます。さらに、授業者からの「しっくりくるとはどういうこと?」の問い返しに対してその時点では、明確に言い抜くことができませんでしたが、これがF児の問題意識となります。F児は、個人追究の一時間目は、図書室でさまざまな詩を読んでいました。その上で詩をつくり、自分にとってしっくりくるのは、毎日のくらしがテーマになったものであるという認識に至ります。たくさんの詩を読んだりつくってみたりして、詩や詩と向き合っている自分をさらに深いレベルでとらえることができたと考えます。こうした一連のF児の学びの姿は、内言領域が豊かになっていく様子であると言えます。

この単元は、当初、詩を読み、その時に動いた感覚や感情、思考等を言語化する活動を通して、子どもが詩やことばと豊かに向き合うことができるようになることを目指して計画しました。しかし、一人ひとりの子どもは、F児のように授業者や友達とのやりとりを通して、あるいは詩をさがしたりつくったりする活動を通して、お気に入りの詩作品のよさに気付いただけではなく、詩に対する自分の向かい方についても自覚的にとらえることができました。これは、こちらの想定を超えて子どもの学びが深まったものであると考えます。また、友達の詩に対する向かい方を聞き、これまでとは違った角度から詩を読んでみようと再度図書室に向かった子どもが少なからずいたことにも驚きました。それぞれが学習計画を立てる段階では、個別の追究計画ではなく「友達と話し合うことでイメージを確かめたり広げたりすることができる」と考え、そこまでも含み込んで学習の計画を立てる子どもがいたこと、それに全員が同意したこともこちらの想定を超えた子どもの学びの姿でした。子どもの学びが個別化するということは、他とは切り離された孤独な作業に進展していくことではなく、むしろ協働性を高めていくものであるということを、子どもの姿からあらためて実感しました。

実践提案　小学校算数科第四学年

割合としてみる

齊藤一弥

授業の趣旨と問題意識

ある授業での場面です。教師は、「A：60cmとB：20cmである記録を表現するグラフがあります。それを掲示板に貼ろうと思ったので、大きく引き伸ばしたいです。Bのグラフを引き伸ばして40cmにしました。Aのグラフも同じく20cmだけ伸ばして80cmにしました」と、**図1**のようなグラフを示しました。

子どもに、「このようにグラフを伸ばしてよいですか」と聞くと、多くの子どもは「このグラフでは正

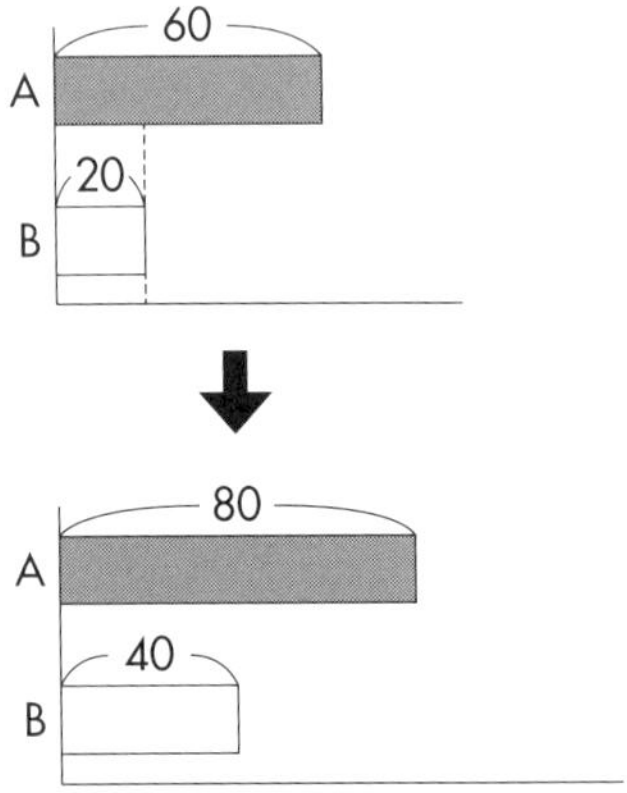

図1

しくないと思う」と指摘します。教師が「なぜ、このグラフでは正しくないのですか」と問い返すと、子どもは次のように問題点を「差」ではなく「割合」の視点から説明し始めました。

問題で示されているグラフの関係は次のような式で表現できる。
最初の関係はBをもとにすると、A＝B×3　これを言い換えると60÷20＝3
一方、引き伸ばした後の関係はA＝B×2　これを言い換えると80÷40＝2　最初のAはBの3倍なのに、あとの方は2倍で合っていないことから、正しいグラフとは言えない。

現行学習指導要領では、小学校第四学年の算数で「簡単な場合についての割合」（整数で表される場合）が新たに取り上げられています。これは、第五学年で学習する「割合」の理解が難しいことから、前学年から割合の見方を体系的に指導することによってつまずきをなくすことを目指しているものです。しかし、子どもはその「割合」を根拠として説明しています。BをもとにしたときのAの大きさをもとにして、後の図の両者の関係がもとの図とは変わってしまっていることに着目したわけです。さらに、Bが増えた分だけ同じようにAも増やすという場面（差が同じ）の関係が可視化されているグラフを有効に活用しながら、最初の図と同じ関係にはならないことを的確に表現することができているわけです。

基準量と比較量、そして割合（倍）の関係については、それまでの乗除法の指導とも大きく関連していて、単に第四学年に「簡単な場合についての割合」を位置づけたからといって単純に解決するようなものではありません。しかし、既得の内容との関連を意識しながら、一方から他方の大きさをとらえてその関係性に着目して考えていく場を用意することによって子ども自身が「割合」を生かした問題解決ができることも見えてきます。

教科等の本質

現行学習指導要領では割合の理解を確実に行うために、次に示すように第四学年に三つの内容に「割合の見方」に関係する事柄が示されました。

『小学校学習指導要領（平成二九年告示）解説　算数編』

A数と計算⑶整数の除法　ア(イ)除法の計算を用いること

（前略）「基準量」、「比較量」から「倍」を求める場合についても除法が用いられる。さらに、（中略）「比較量」、「倍」から「基準量」を求めるような場合についても除法が用いられる。

A数と計算⑷小数の仕組みとその計算　ア(ア)小数を用いた倍

ある量の何倍かを表すのに小数を用いてもよいことを指導し、「基準量を1としたときに幾つに当たるか」という拡張した「倍」の意味について理解できるようにする。

C変化と関係(2)簡単な場合についての割合（※新設）　ア(ア)簡単な場合についての割合

二つの数量AとBの関係を、割合を用いて比べるとは、二つの数量のうちの一方、例えばBを基準にする大きさ（基準量）としたときに、もう一方の数量であるA（比較量）がどれだけに相当するのかを、A÷Bの商で比べることである。この表された数（商）が割合である。割合を表す数は、基準量を単位とした比較量の測定値であるとも言える。

第五学年の割合でのつまずきの要因を踏まえて、その改善に必要な内容を前学年および次学年の指導との接続を次のように意識して位置づけられたわけです。

○乗除法の意味理解の不徹底↓除法の計算の指導で基準量、比較量、および倍（割合）を求める際の計算方法の理解

○倍の拡張と割合の指導がつながらない↓小数の意味指導において小数を用いた倍を取り上げ、倍を求める計算との関連の理解

○倍と割合との関係が不明確↓割合が整数で表される簡単な場合について取り上げ、倍を求める計算との関連の理解

数量の関係（割合・倍）に着目して、統合的かつ発展的に考えていくという「数学的な見方・考え方」を基軸に据えて内容を整理することで、子どもが割合とこれまでの学習、特に

わり算（包含除）の商との関連性を確認できるようにするとともに、体系的に大切な概念、内容等を理解できることを重視しています。

発揮すべき教師の専門性

では、先述のグラフを割合の見方で説明できるようにするためには、両者の内容をどのように関連させておく必要があるのでしょうか。

教科書では、「倍を求める除法」の学習で次のような問題が取り上げられています。「ヒョウの親子がいます。親のヒョウの体重は子どものヒョウの6倍で72kgです。子どものヒョウの体重は何kgでしょうか」

これを数直線で表すと、[図2]のような関係になります。

これは72÷6で子どものヒョウの12kgを求めるという問題です。ここで教師は、子どもたちに将来のことを見越して、子どものヒョウから親のヒョウになって増えた体重（72－12＝60kg）に着目させて「差」を確認させせました。

そして、親になり60kg増えたので子に比べると6倍になったことを確認した後で、下図を示して、「隣にいた親子も60kg増えたようです。子どもが10kgだから親は70kgです。この場合も6倍ですね［図3］」と問うと、この場合は7倍になることを説明するようになります。

数直線を用いながら数量の関係に着目しながら、比較していく視点が「差」ではなく「割合」に向き、同じ60kgの差でも割合が違うことから、6倍ではないことを、根拠を明らかにしながら指摘することができました。

基準量と比較量が異なるから生じる違いであることを押さえておけば、子どもは今後そのことを既得の知識として使うことができるようになります。その既得の知識としての「割合で関係を見つめる」ことが生きることを経験することで、「割合」の「役割」「働き」「よさ」などへ関心をもち、内容の深い理解を図るように指導していくことが大切です。

教師は、常に先を見越した展開を用意しておき、いずれ、どこかで、ここでの学びによってできるようになることが役に立つことをイメージしておく必要であり、そのようなことを意識して単元をつくることが求められ

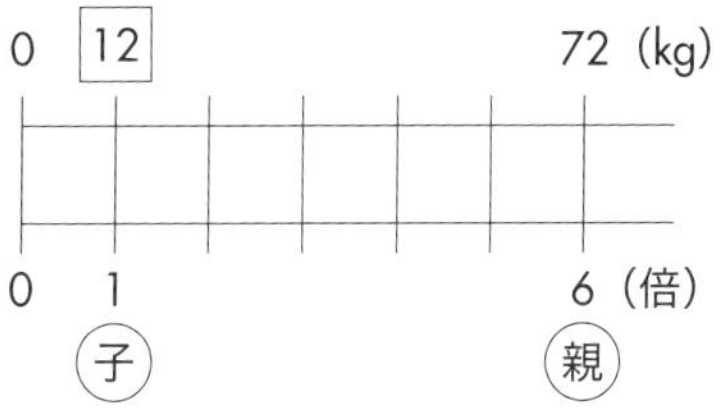

図2

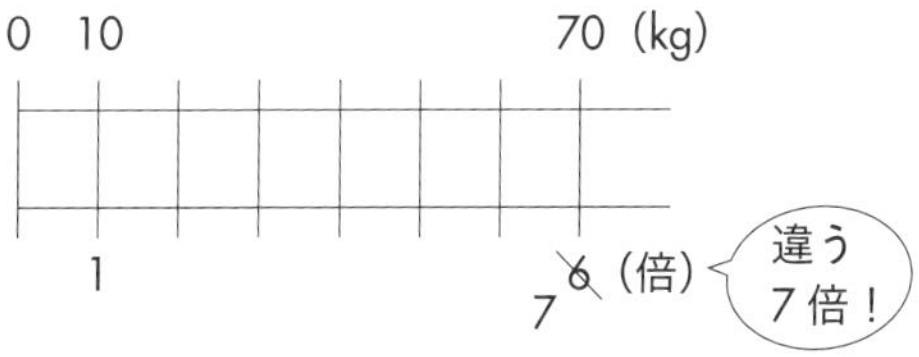

図3

ています。教科書に示された単元自体は洗練された質の高いものであり、それぞれは正しいものですが、それが最適な配列なのか、子どもにとって最適な指導方法なのかどうかは別の話です。教科書そのものを教えるというのではなく、教科書をうまく活用して最適な指導方法を求めていくことが肝要になります。

先述のグラフの問題に戻りましょう。正しいグラフに作り替えるにはどうしたらよいのでしょうか。

子どもは「Bは2倍になったわけだから、Aも2倍にするためには何cmにすべきか」という問いに対して「Aは１２０cmになるので60cmをたさなければいけない」という解を導き出しました。さらに、１２０と40との関係に着目して、「１２０は40の3倍」と、子どもが「倍」を使いながら説明し始め

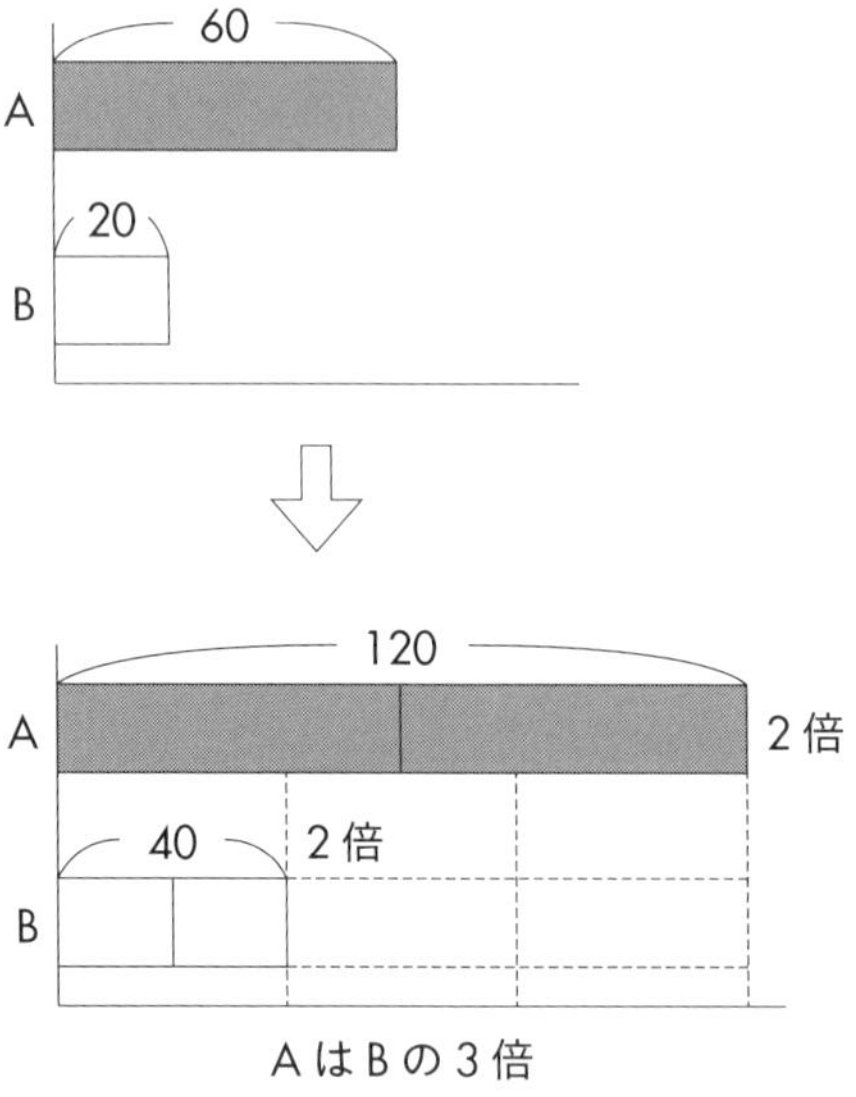

図4

ます［図4］。

このような場面を用意して、二量の関係性について着目するようにすることで、この先第五学年の「（同種の二量の）割合」、さらには第六学年の「比」の学びを拓いていくことになります。また、このグラフの書き換えの場面は「拡大図・縮図」を作る場面とみることもできます。つまり、60：120は20：40で、20：60は40：120と「等しい比」をつくることにつながっているわけです。

このような意味からも、第四学年における「割合としてみる」という学習はとても大切です。しかし、ここを乗り越えるためには、下学年の第二学年、第三学年からの系統性を意識し続けた乗除法および分数指導の徹底も欠かせません。

学びを深める子どもの姿
―割合としてみる―

「けがをする場所調べの結果」を第三学年で学習した棒グラフで表す場面です。

調べた場所は四か所で、はじめにそれぞれの項目の人数が何倍に当たるかという関係について確認をしてから、棒グラフ（A）を表したグラフには余白がかなりあり、また、項目間の大きさの関係もわかりにくいことから、棒を伸ばしてグラフをわかりやすく書き直すという学習課題を設定しました。前学年でも目盛《めもり》の大きさを付け替えてグラフをわかりやすくするという学習は経験済みです。そこで行われていることの意味を割合を用いて説明していく学習です。

教師は棒グラフの目盛を付け替えて、校庭の棒を9目盛伸ばした棒グラフ（B）を用意しました。そして、廊下、教室、階段のそれぞれの棒も校庭と同様に9目盛伸ばしたところ、子どもから、「このグラフに関しては、棒を伸ばし過ぎである」という指摘が出されました。

そして、校庭のデータをもとに目盛を新たに付け替えると、廊下、教室、階段のそれぞれの棒グラフが正しい値にならないことから、校庭の項目で9目盛伸ばしたことをそのまま使ったグラフでは適切ではないことが確認されました。

次に、子どもは新たに付け替えた目盛に合わせて正しい棒グラフ（C）の作成に取り掛かります。校庭の棒は、元の棒グラフ（A）を「①」とすると4倍の長さの「④」になっているので、他の棒の長さも4倍になることを確認しながら作業を進めました。このことは既に既得の内容として経験していることからスムースに取り組むことができました。

ここで、でき上がった棒グラフ（C）とはじめの棒グラフ（A）を比較することとしました。両者の棒グラフは形状が大きく変わっていますが、同じデータを表現したものである根拠を割合の見方を用いて確認しようとしているわけです。前学年での棒グラフ学習ではこのような確認は取り扱いません。

T：二つのグラフの形は違っているけれどいいのでしょうか。どちらのグラフでも「けがをする場所調べ」の結果を正しく表していると言えますか。

C：すべての棒の長さがCのグラフはAのグラフの4倍の長さになっているので正しく表しています。

C：Aのグラフでは階段の2倍の長さが廊下になっていて、3倍が校庭になっています。Cのグラフでも同じように階段の2倍の長さが廊下になっていて、3倍が校庭になっています。

T：二つのグラフのどちらもが、階段のグラフと比べてみると廊下が2倍、校庭が3倍になっているからよいということですね。

子どもは階段や教室のデータを基準にして、他の項目との関係を割合の見方を用いて表現して、両者のグラフが同じデータの様子を表していることを説明したわけです。このことを教師は次のような視点から問い返しました。

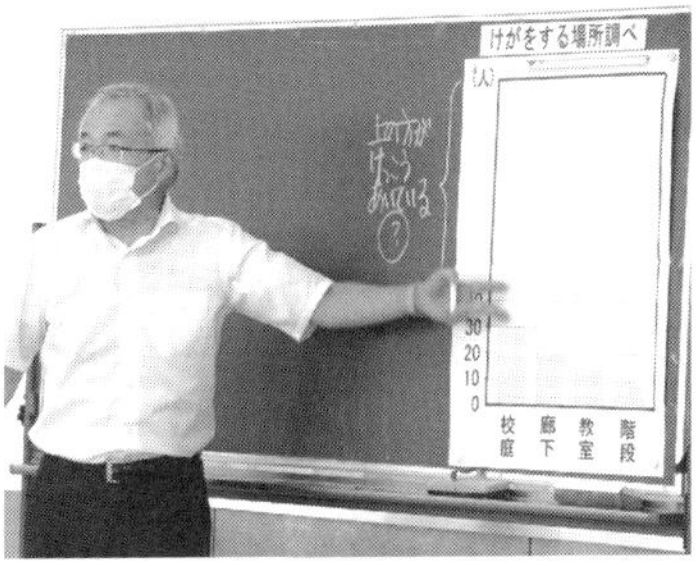

写真1　はじめに示す棒グラフ（A）

写真2　左側が、9目盛伸ばしたグラフ（B）

T：階段の棒の長さを「①」とすると、校庭や廊下の棒の長さはどのように表すことができますか。

C：階段を「①」とすると校庭は「③」で廊下は「②」となります。

T：階段の目盛は「4」、これを「①」とみると、校庭の目盛の「12」は「③」、階段の「8」は「②」とみることができるわけですね。

C：どちらのグラフも階段を「①」とみると校庭は「③」になっている。だから、同じ関係になっている。

T：このように一方を「1」とみたとき、もう一方の大きさを表しているものを割合（わりあい）といいます。

子どもは二つの棒グラフ（A・C）の関係が同じであることを確認する根拠に「割合の見方」を用いています。これまでの既得の知識と関連づけながら、問題解決の必要に迫られて新たに割合という見方を用いて、両者のグラフが構造が同じであるという考え方で数学

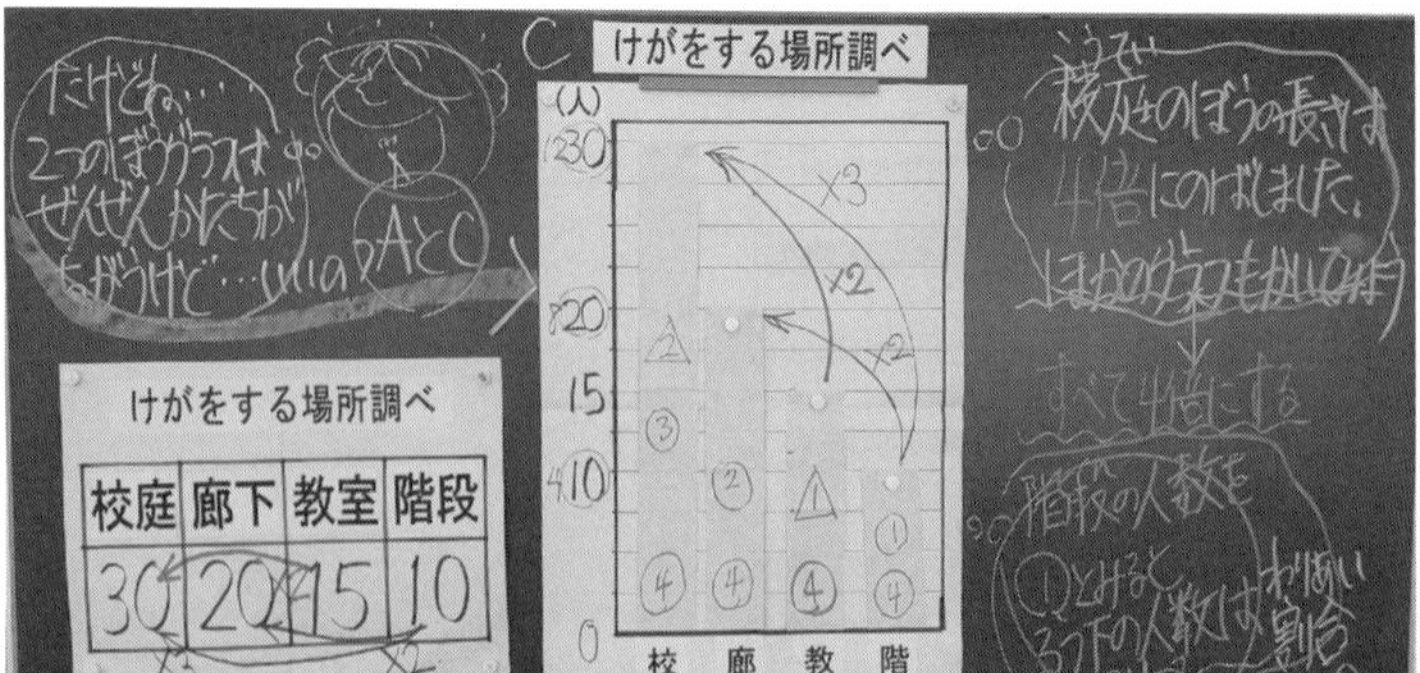

らしく追究していることがわかります。能力は内容の深い理解に支えられていると言われます。割合の見方を用いることの有効性を実感しながら、それを問題解決に生かしていくことでその意味的理解を深めていく子どもの姿があります。あらためて、教科の本質としての見方・考え方を磨き、それを成長させながら学びを深めていく授業の重要性を実感することができます。

引用・参考文献

・文部科学省『小学校学習指導要領（平成二九年告示）解説　算数編』日本文教出版社、二〇一八年

・齊藤一弥「教材単元の再構成」『学校教育・実践ライブラリVol.07』ぎょうせい、二〇一九年

・齊藤一弥『数学的な授業を創る』東洋館出版社、二〇二一年、一一九－一二五頁

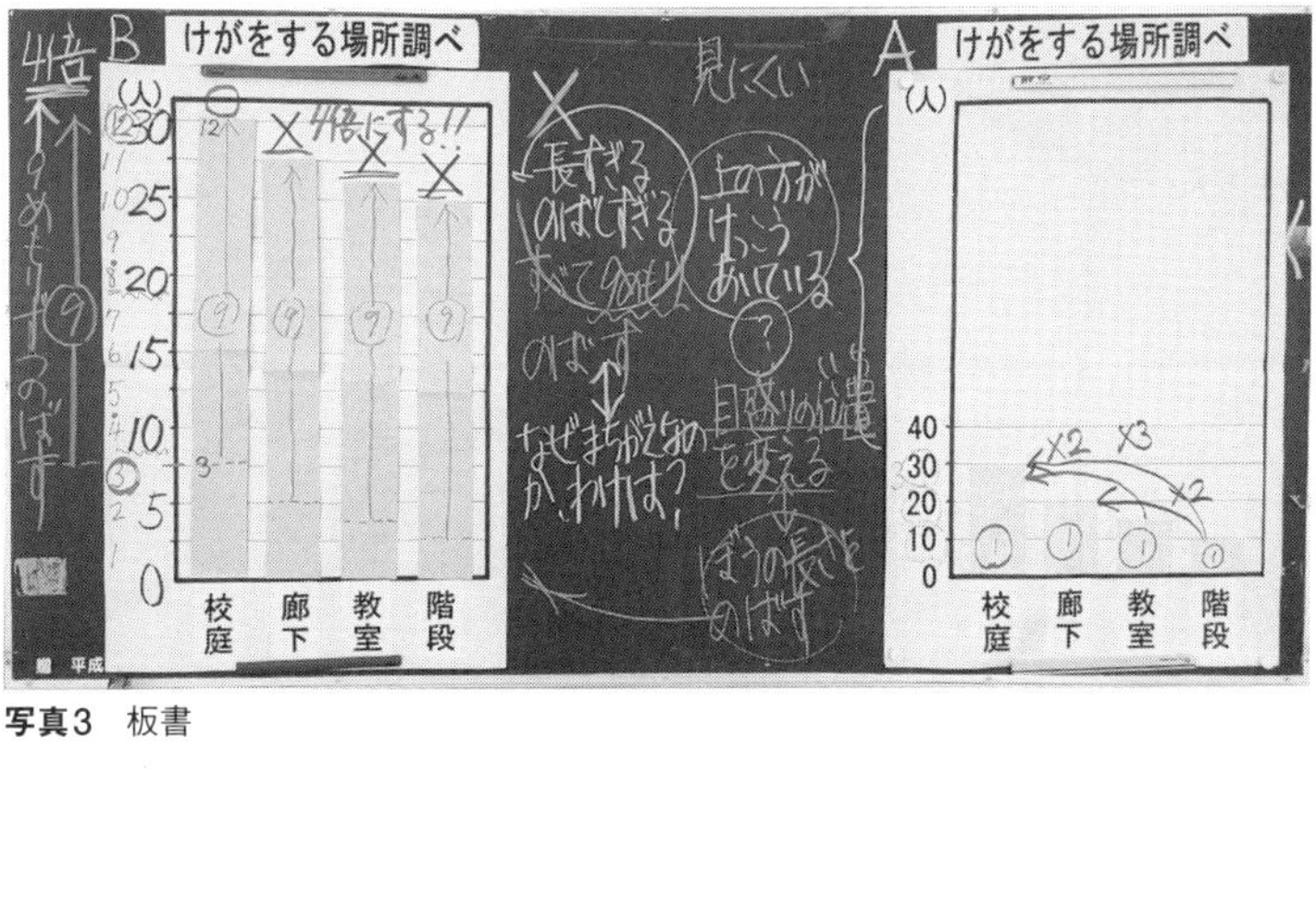

写真3　板書

実践提案　小学校社会科（特別の教科 道徳）第六学年

単元で「公正」を考える

大谷敦司

授業の趣旨と問題意識

「現在はもちろん、将来も子どもたちが幸せにくらすことができるように支援する」、これが本校（天童中部小学校）の教職員に二つある合言葉の一つです。ここでいう「幸せ」は感情的で一瞬のHappinessではなく持続的なWell-beingです。子どもたちを温かく見守り、自分らしく安心して暮らすことを保障しなければなりません。その上で、子どもたちが、みんなにとっての「幸せ」が持続する「よりよい社会」の創り手になることを支援しようと考えています。そのために、社会事象に目を向け、自分の判断基準をもち、正しいと思うことを人とつながりながら成し遂げる姿勢を育んでいきます。「よりよい社会にするには選挙へ行くこと」との見解もありますが、選挙が政治参加の免罪符のようにとらえられるとすれば、ある意味で受け身です。そうした態度だけで「よりよい社会」である「『誰一人取り残さない』持続可能で多様性と包摂性のある社会(1)」の創り手となり得るのかという懸念があります。

社会は、構成員の考え方や行動が反映されて存在します。当然、子どもたちもその中の一人です。どんな社会を創るのかを主体的に考え学び続ける必要があります。よりよい社会を考える視点の一つに「公正」があります。しかし、特別活動や休み時間等の子どもたちの会話に耳を傾けていると、「平等」や「公平」という言葉は頻出しますが、もう一歩踏み込んだ「公正」を耳にするのはきわめて稀《まれ》です。

「平等」「公平」や「公正」とは社会的決定に関する評価の一つです。「平等」や「公平」は、ある基準に照らして比較的、規範的な意味での正しさの判断であるためわかりやすく感じます。一方で「公正」は、特定の文脈や状況等における主観的な正しさを含む判断となるため、わかり難くなります。だからこそ、多様性と包摂性のある社会の創り手には不可欠な視点となります。

そこで、子どもたちが「公正」を意識し考えるよう、以下の四つの工夫をしました。

一つは、社会科と「特別の教科　道徳」(以下、「道徳科」)で単元を組み、相乗効果を得ることです。小学校学習指導要領において道徳科の目標には「よりよく生きるための基盤となる道徳性を養うため、道徳的諸価値についての理解を基に、自己を見つめ、物事を多面的・

多角的に考え、（後略）」とあります。今回は、内容項目「公正、公平、社会正義」に関わる「ユニバーサルデザイン」と社会科「T市の経済を立て直そう」を組み合わせて一つの単元とし、「公正」について考えました。

以下の三つについては、関連するところで後述します。

一つは、日常生活で耳目に触れ、なんとなくわかっているつもりでいることを見つめ直す。

一つは、具体的な金額を取り上げ、より現実的な学びとする。

一つは、当事者意識をもち、視点を移動して（立場を変えて）考える。

加えて、ＩＣＴを積極的に活用し、必要と感じた時に検索したり、他の仲間が多様な視点でどのような考えをもち判断するのかを確かめたりしながら、学習を進めるようにしました。

教科等の本質

学校教育は、教科等の集合体である教育課程を通して、子どもの資質・能力の育成を目指す場です。各教科等の本質（らしさ）は、その教科等がなければ、「よりよい社会」の創り手を育む上で、どんな影響が出るのかを考えることで見えてきます（以下、紙幅の都合で社会科のみについて述べます）。

では、社会科がなければ、どんな問題が生じるのでしょうか。端的に言えば、公民としての資質・能力が育たないことになります。どんな社会になっているのかを学び・どんな社会を創っていくのかを考えることが疎《おろそ》かになります。公民としての資質・能力とは、これまで『小学校学習指導要領解説　社会編』等で「公民的資質」として説明されてきた「平和で民主的な国家・社会の形成者としての自覚、自他の人格を互いに尊重し合うこと、社会的義務や責任を果たそうとすること、社会生活の様々な場面で多面的に考えたり、公正に判断したりすること」などの態度や能力を引き継いだものとされています[(2)]。端的に言えば、「多面的・多角的に考えようとすること」「公正に判断すること」です。社会科では社会生活を学習の対象とします。生活することは考え判断することとの連続なのですが、自分がどんなことを大切にし何を基準にしているのかを普段はあまり意識していません。それだけに、「社会科として、なぜこの授業をしているのか」を学習内容との関わりだけではなく、教科等の本質との関わりで明確にして授業を進めていきます。

本事例の単元では、先に述べたように四つの工夫のうちでも「視点を移動する（立場を変える）」ことで、多面的・多角的に考えたり、公正に判断したりすることの難しさを自覚していきます。これは自分一人だけでできるわけではなく、仲間と話し合い、異なる考えや判断と出合うことで実現されていきます。

発揮すべき教師の専門性

本校のもう一つの合言葉は「将来的に子どもたちが、私たち（教職員）のいないところでも学び合うことができるように支援する」です。子どもたちは本来、有能な学び手であることを本気で信じるところから出発し、「子どもがする（学習者主体の）授業」に向けて授業改善に取り組んでいます。それは放任とは異なります。子どもたちにとってよりよい支援になっているか否かを判断するには、表面的な印象に左右されないようにします。たとえば、子どもたちだけで話し合い、一見すると活発な活動になっていても、学びの深まりがなければ、学び甲斐が得られず長期的には学びへの意欲は低下していきます。

真の子ども主体の授業を実現するには、教師が専門性を発揮し、教科等の本質に関わる意図的な働きかけをすることが重要です。それによって、子ども一人ひとりが仲間や教師とともに学び合う協働的な学びの意義や価値を感じ、学ぶ意欲を高めていくからです。

本単元での働きかけについて、先に掲げた四つの工夫とも関連して述べます。

一つは、地域の社会事象に注目することです。社会科の教科書等に記載されている内容は、「他の」地域・県や国に関わることととらえがちです。自分たちのくらしも世界・社会の一部であり、それらと関連はあるのですが、一般的には見え難く・感じ難くなっています。教師が身近な社会事象を教材化して提示してこそ、日常生活で耳目に触れ、なんとなくわかっているつもりでいることに興味・関心をもって見つめ直すことになります。

一つは、経済（お金）の視点を取り入れることです。社会事象の多くは価値の交換・分配を伴い、「お金」と切り離しては考えられないものがほとんどです。したがって、「お金」の視点を取り入れることで、数字によってわかりやすく身近になり、政治が現実的にとらえられ実践的に考えることができるようになります。

一つは、視点を移動する（立場を変える）ことです。同じ社会事象でも、視点を移動すれば、見え方や意義・価値が変わってきます。本単元の社会科の授業では、以下の三つの立場で考えていきます。まずは、現時点での「とりあえずの自分」で、提示されたプランに向き合います。次に、市民を意識して政策を提案する「議員」としてプランを作成します。最後に、自分の家族のことも考えながら「有権者」として提示されたプランを判断します。

一つは、学習の道筋を提示し活動時間を保障することです。事前に学習のおおよその流れをつかむことができれば、子どもたちは見通しをもって学びに向かうことができます。主体的な学びは見通しをもつことから始まります。中心となる活動については、子どもたちが調べたり考えたり話し合ったりする時間をできる限り十分に確保します。一方で、時間の枠組みを意識しながら活動をする力も高めていきます。時間の感覚を磨くことは「個別最適な学び」の実現に関連が深いと考えているからです。

さらに、ICTを活用し仲間の考えや判断を即時に知ることで、立場や文脈によって人の考えや判断は変わることを理解します。また、同じ立場であっても、状況や文脈によっては考えや判断が異なることにも出合います。多面的・多角的な見方で葛藤や迷いを感じながら社会事象に向き合い判断し、その判断が学習前からどう変容したのかを見つめることで、自分の中で「公正」を自覚したり再構成したりすることをねらいます。

学びを深める子どもの姿

I　道徳科「ユニバーサルデザイン」（小学校道徳副読本、光村図書出版、平成二一年度版、六年）

教材文を読んだ後、「普段あまり意識していなかったけど、身の回りにはユニバーサルデザインがたくさんあることに気付いた」と感想が出されたので、「なぜ、こうしたものが世の中にあるのか」を問いかけました。W児は「（教材文の）例にあるシャンプーの印だったら、目の不自由な人も、できれば他の人の力を借りずに、頭を洗うという行動を自分だけでもできるように工夫されているのだろう」と話しました。G児は「誰でも、できるだけ快適な生活をすることには公平さが求められるからだと思う」という意見を出しました。

次に、点字ブロックを例にしてユニバーサルデザインについて考えました。子どもたちは、存在に気付いていて必要性も感じていました。そこで、「学校前の道路に敷き詰められている点字ブロックはシート一枚が二五〇〇円。工事費を加えると一枚当たり約五〇〇〇円。学校前の道路の一区切りは二五〇m。とすると、片側だけで一二五万円。両側に設置されているので約二五〇万円の経費がかかっていますが、どう思いますか」と、写真の資料を示しながら問いかけました。「毎日通っているが、そんなにお金がかかっているとは知らなかった」「市全体では、莫大《ばくだい》な金額になる」などの感想があり、「その割には、目の不自由な人が点字ブロックを頼りに歩いているのをほとんど見たことがない」という話も出てきました。それに対してA児は「目の不自由な人の安全を最優先にすべき。でも、お金がかかりすぎるならば、素材をより安価なものにすることも考えられる」と話し、他に「本当に危険な箇所のみに設置することも考えられる」という案も続きました。また、「天童市は観光地なので、さまざまな人に安心して訪れてもらうためにも、点字ブロックのようなものは必要だ」という意見も出されました。

続いて、通常のトイレを設置・維持する場合の経費との違いを知った後、学校に隣接する施設の前にある多目的トイレを例にしてユニバーサルデザインについて考えました。M児は

「特別な施設をつくることが不平等だとは言えない。身体の不自由な人も含めて、誰にとっても、くらしやすいと感じることについては公平・平等であるべきだ」と話し、S児は「そこに使われる税金も、市民がよりよい生活をするために生まれてきたはずだ」と意見を重ねました。こうして、身近にあるユニバーサルデザインを見つめ直すことによって、「公正」に考えが及び、社会事象によっては政治との関連に目を向ける必要があることにも気付いていきました。

2　社会科「T市（モデルは本校のある天童市）の経済を立て直そう」

天童市のキャッチフレーズは「将棋駒といで湯とフルーツの里」で、市の中心に位置する天童温泉が市の経済に大きな影響を与えています。その温泉街も学区にある本校の子どもたちは、コロナ禍で観光客が減少し街全体の活気が失われていると肌で感じていました。

まず、「T市は、人口約六万人、世帯数約二万。コロナ禍で約三分の一の世帯が特に困窮（年収が前年度の二分の一以下）しています。このT市の経済の立て直しに向けて、二つのプランを考えました。あなたはどちらに賛成しますか」と、次のように提示しました。

資料1　配付プリント

名前(　　　　　　　　　　　)

Ｔ市は人口が約６万人で世帯数は約２万です。温泉があり商店も多く活気のある街でした。

しかし、新型コロナウイルス感染症の拡大によって観光客が激減したこともあり、商売がうまくいかなくなったり仕事を失ったりして生活が苦しくなった人がたくさん出てきました。

そこで、こうしたことを解決するために60億円の税金を投入して、次の二つの対策を考えました。

A. 生活が特に苦しくなっている**世帯に100万円**ずつ給付する。
〈市内の30%の世帯が対象となる〉

B. 市民すべてに**一人10万円**ずつ給付する。
〈市内のすべての世帯が対象となる〉

①あなたは、どちらの対策がよいと思いますか。理由も書いてください。

②あなたのグループ(**政党**)は、どちらの対策を採用しますか。
理由も書いてください。

③あなた(**市民**)は、どちらの対策を提案した政党に投票しますか。

④ふりかえり

Ａ　生活支援臨時給付金：困っている世帯にのみ	一世帯当たり	一〇〇万円
Ｂ　特別定額給付金：市民全員	一人当たり	一〇万円

ロイロノートを使って判断を送信し、各々が選択した結果を電子黒板で即時に確認しました。結果は、「Ａ　六名、Ｂ　二三名」でした。ここでの立場は「とりあえずの自分」であって、判断した理由も、困っている人がいると思うから、自分もお金がほしいからなどと、漠然としたものが多くなりました。

次に、予算を決められるのは「議員」だけであることを想起し、各班を政党に見立て、議員になったつもりで市民が納得するプランづくりをしようと呼びかけました。加えて、最後は各々が有権者となって投票し合うことも提案しました。活動時間は、子どもたちが話し合って一五分と決めました。

班活動の後、どんな立場の人に寄り添って判断したのかなどの理由も加えながら、各班からプランの提案がありました。Ａプランを採用したのが一つの班、Ｂプランを採用したのが四つの班で、残りの二つの班は、各々次の新たなプランを提案しました。

C　ハイブリッド型給付金：困っている世帯に五〇万円、その他は一人一五万円
D　補填《ほてん》給付型：収入が二分の一になった世帯の損失分を補う

プランが出そろったところで「有権者」として投票することになりました。すると、「自分のことだけでなく、自分の家族の人数なんかも考えて投票した方がいいよ」という声があり、急に電卓で計算を始めたり、「投票をちょっと待ってください」と判断を迷ったりする姿が見られました。最終的な投票結果は、「Aが四名・Bが一〇名・Cが一二名・Dが三名」でした。

授業の振り返りに、D児は「世の中のことを、こんなに真剣に話したり考えたりするのははじめてだったので、すごく頭を使った。『平等』『公平』で見ていくと、立場によって何が平等で公平なのかが変わっていくところが面白かったし、考えるのが楽しかった。ぼくの班ではA・Bとは違うプランの方がよいという判断になり、『公正』を意識して新しいプランを考えようとしたが予算オーバーにな

写真1　政党（班）での話し合い

写真2　板書の一部

写真3　ロイロノートを使って新プランの提案

り、あっという間に一五分なんて終わってしまった。やってみて、さまざまな立場の市民のことを考えてプランをつくろうとする議員さんたちはすごいなと感心した。ぼくもそんな仕事に就いて、考えては練り直しを繰り返して、便利な世の中にしていきたいと思った」と記していました。

N児は、道徳科と社会科を合わせた単元としての学習の振り返りに、次のように書いていました。

「社会の常識や考え方」「立場によって意見が変わること」「平等・不平等、公平・不公平」、そして「公正」など、社会に出てからも大切そうなことを学べたと思います。

深く考えるとさまざまな考えが出てきて、まとめるのは大変だったけど、いろいろな目線で考えるのは楽しいと思いました。今度は〝いじめ〟について、一緒に考えたいと思いました。

写真4　電卓で計算して検討

自分たちが獲得した学び方（多面的・多角的）や概念（公正）を使えば、社会における他の問題も仲間とともに深く考え話し合うことができるはずだという手応えや学ぶ意欲が見られたのは、教科の本質を意識しながら、道徳科と社会科で単元を組んで学習を進めた成果だと考えられます。

（1）国連サミット「持続可能な開発のための2030アジェンダ」二〇一五年を参照した。https://www.mofa.go.jp/mofaj/files/000101402.pdf（最終アクセス二〇二一年一二月四日）

（2）文部科学省『小学校学習指導要領（平成二九年告示）解説　社会編』日本文教出版、二〇一八年、二二一頁。

解説

三つの実践提案から学びたいこと

教科等の本質を押さえる

個別最適な学びである「マイプラン学習」における子どもの事実は、豊かな学習環境の提供により、教科内容の多くを子どもは一人で学び進めることができ、しかもより少ない時間で確実に習得できることを示しています。これに協働的な学びである「自学・自習」を組み合わせていけば、子どもたちが自立的に展開する学習によって、従来の教科指導が実現してきた学びのバリエーションのうちのかなりの部分をカバーできるでしょう。

では、子どもたちだけでは難しいことは何か。それこそが今後に求められる教師の専門性の核心になるわけですが、三つの実践提案は以下の三つの内容を指し示しています。

その第一は、いわゆる教科等の本質、二〇一七年版学習指導要領でいう各教科等の特質に応じた「見方・考え方」を的確に押さえることです。三名の提案はすべてこれを出発点とし、また着地点としていました。その中で大谷先生は、教科等の本質とは、その教科等がなければ子どもたちの学び育ちにどのような不都合や問題が生じるかという問いの中で見えてくるものであると論じています。このような思考は、教科とはあらかじめ存在しているものであり、教師はそれを教えなければならないといった非主体的な教科観を見直す上で大いに参考になるでしょう。もちろん、法令上、学習指導要領の内容は教えなければなりません。しかしそのことを、なぜ今自分が目の前の子どもたちにこのことを教えるのか、その意義や価値を丁寧に吟味しなくてもよいという免罪符にしてはいけないのです。

目の前の子どもに即して教科を教える意味を問うという営みについて、佐藤先生の論考はその具体的なイメージをよく伝えています。「内言領域」を豊かにすることを国語科の任務ととらえ、さらに詩という文化財の特質を踏まえて、詩との出合いを通してこそ成し得ることを明らかにする中で、単元や授業の大枠、そして細部が構成されているのです。

また、齊藤先生が強調しているのが、教科等の本質を押さえる中で立ち現れてくる、教科内容の系統性を明確に意識した学びの展開です。既習事項であるグラフの書き換えを足場として、二量の関係を差としてではなく割合としてみるという授業展開は、これまで自分たちが経験し、すでに十分に実行できるグラフの書き換えという行為の中に割合という新たな概念を発見するとともに、その「見方・考え方」の下にグラフをはじめとする膨大な既習事項を統合する学びを目指したものです。この展開がすぐれているのは、さらにそれが割合に関する学習の最終段階とも言える「拡大図・縮図」の内容と、そこで用いられる等しい比という概念にまでまっすぐに連なる特質をもっている点でしょう。

このことは、教科内容の系統性について、上から下へという方向性に加え、下から上へという方向性を意識する大切さを示唆しています。ともすれば、これまでは既習事項の確認に代表される上から下への系統性にばかり目が向かいがちで、今現在指導している内容が将来どのように発展し統合されていくかという、下から上へという方向性での系統性の押さえは弱かったのではないでしょうか。しかし、この点の不十分さが割合の概念獲得をはじめとする高学年、さらに中学校でのつまずきを生み出しています。その意味でも、「第二学年、第三学年からの系統性を意識し続けた乗除法および分数指導の徹底」のようなあり方が、今後の授業づくりとカリキュラム開発に強く望まれるのです。

教科教育と生活教育の「知の総合化」を実現する

今後に求められる教師の専門性の第二は、教科教育と生活教育の間に質の高い「知の総合化」を実現することであり、大谷先生の提案がこのことに深く関わっています。

日本の教育課程も含め、一般に学校教育は二つの領域から成り立っています。一つは、文化遺産を基盤とした科学・学問・芸術の教育＝教科教育です。それは家庭や地域では成し得ない教育であり、近代学校は教科教育を行うために成立し、発展してきました。

しかし、教科教育だけでは、子どもは十全に学び育つことができません。地域や学校ですでに展開されている自分たちの生活の現状を明晰《めいせき》に自覚するとともに、教科で学んだ膨大な事実的知識と多様な方法論、そして民主的な話し合いによってこれを吟味し、より納得のいくあり方を求めて不断に更新し続けていく学びの領域、いわゆる生活教育がさらに必要なのです。生活科、道徳科、総合的な学習の時間、特別活動が、主にこれを担います。

この二つの学びの領域をそれぞれに充実させるとともに、両者の間に質の高い「知の総合化」を図ることが肝要であり、学習指導要領もそのことを強く求めていますが、まだまだ十分とは言えません。そもそもの単元構成が道徳科と社会科の合科的・関連的な指導となっていることからもわかるように、大谷実践はまさにこの点に挑戦したものです。

道徳科と社会科の双方に関わる「公正」という主要な概念を核とし、ユニバーサルデザインと経済再建という二つの事象を通して、「公正」な社会創造に向けて自分がどのような意思決定を行うべきかを立体的に学び深めていきます。実践上の鍵となるものはたくさんありますが、わけても公的な「お金」の視点は注目に値します。考えられる生活支援のあり方は多様ですが、施策の実行に要する予算総額を一定とすることで、費用対効果という意味での施策の妥当性や議論すべき論点がくっきりと浮かび上がってきます。このような徹底したリアリティの探究もまた、授業づくりの重要なポイントと言えるでしょう。

深い子ども理解と的確な支援の実施

今後に求められる教師の専門性の第三は、丁寧な見取りに基づく深い子ども理解と、その子の今に即した的確な支援の実施です。言うまでもなく三つの実践提案のすべてが、教科等の本質や学習内容との関連において、子どもたちの知識や思考、感情状態を正確かつ多面的に把握し、単元構成や教材開発、授業過程のデザインに生かしています。

さらに、佐藤先生は「子どもと教材の関係性は常に変化し更新されるものである」とし、不断にとらえ直していくことの重要性を指摘しています。そして、「感覚や感情、思考等が大きく動いたと推し量ることができるような子どもの姿をとらえたりしながら、子どもがそれらを確かめることができるように、適切に立ち止まる時間を設ける」とともに、そこにおいて子どもが言い淀んだり、言い直したり、途中で沈黙するような場面に注目します。

子どもたちの「内言領域」を豊かなものとしていく契機がそこにあると佐藤先生が考えるからであり、実際、子どもたちの言語化を促し支える問い返し等の働きかけを行うのですが、従来の多くの授業でこのような質の子ども理解がなされ、また教師の働きかけが行われることは、あまりなかったのではないでしょうか。

むしろ、「私の考えは〇〇です。そのわけは△△です」といった話形の指導が徹底され、それによって多くの子どもがスラスラと話せるようになるのを歓迎してきたことさえあったように思います。しかし、この指導が子どもの感覚や感情、思考を指示された話形で表現できるようなものへと制限的に枠づけ、学びを他人ごとの浅いものにとどめてきた可能性があるのです。少なくとも一分以上もの間、自らの内面へと誠実にアクセスし、そこからよりたしかな自己を汲《く》み上げてくるような子どもは、けっして育ちはしないでしょう。

この違いは、子どもの発言の意味や役割に関する認識の違いからきています。佐藤先生は、一人ひとりの子どもが自分の「内言領域」を豊かなものとすることを大切にしています。対して話形指導は、教師が思い描いた授業の進行にいかに資するかを優先しているような気がします。佐藤実践で印象的なのは、仲間に対する子どものお尋ねでしょう。子どもたちもまた、仲間の「内言領域」に深い関心を寄せ、その子が今何を感じ、どんなふうに心が動いているかを知りたがっていました。まさに、子どもは大人の鏡なのです。

座談会

教師の専門性とは何か

実践提案をしてくれた三名の先生方とともに、あらためてこれからの学校教育において求められる教師の専門性とは何かについて話し合いました。

大谷敦司（山形県天童市立天童中部小学校長）
齊藤一弥（島根県立大学教授）
佐藤卓生（山形市立鈴川小学校教諭）
奈須正裕（司会）

大谷敦司

教科の本質を見極める

佐藤　私は国語を窓口に考えてきたんですけど、教員生活の基盤になっているのは、特別支援学級を担任した経験なんです。自閉症の子がいて、公開授業研究会の時に日記を書いていたら、急に立ち上がってパソコンの方に行った。一瞬まずいなと思ったんですが、そのまま見守っていると「こうちゃ」と打って変換して、画面を見ながら「紅茶」って日記に書いたんですね。その時、ああ、これが国語なんじゃないかって思ったわけです。言葉の機能を言語学的に考えると、感覚や感情や思考と、そこから表出される言葉がどのようにつながっていくのかを丁寧に見ていく必要がある。すると、教育課程全体というか子どものくらし全部を視野に入れながら四五分の授業を組み立てることが大事になってきて、そういった角度から今一度その教科で大切にすべきこと、また教科の枠組みそのものも見直していくことが、個別最適な学びにせよ協働的な学びにせよ、重要になってくると思います。

齊藤　教科ってなんだろうということが、特に平成の後半くらいから、しっかりと問われなくなってきた感じがしています。今回の学習指導要領は資質・能力ベイスだから、教科の枠に縛られることなく汎用的な力を育てることや、教科等横断的にカリキュラム・マネジメントをすることが盛んに言われているんだけど、そもそもそれぞれの教科とは何かがはっきりしないまま、ただただ教科をつなぐことが目的化している場合がある。今回「見方・考え方」という言葉も出たんだけど、今こそ教科の本質を見極めることが大切だと思います。

奈須　僕らの世代が現場に出た昭和の終わり頃

齊藤一弥

は、先輩からよく「目の前の子どもにとって、この教科は何のためにあるのか、よく考えて授業をしろ」と叱られました。東京大学の稲垣忠彦先生がよく言っていたのは、たとえば、子どもたちに歴史を教える中で、僕たちが知った気になっている歴史学という学問の意味が問われ、歴史学そのものが鍛え直されていくということです。子どもを教え育てるという営みによって、そのなかだちになっている文化遺産の人間にとっての価値や意味が見えてくる。すると、その教科が苦手な子や嫌いだって言っている子から、僕たちはその教科について一番多くのことを学べるわけです。

齊藤　かつて大阪教育大学の酒井忠雄先生が、子どもを通して何かを歴史にしていくことが、歴史を教えることだと言っていて、歴史とは人生の時間的反省だと。もっと言えば、人間は一生涯、歴史をあらためることによって生きている。そういった、歴史という教科が子どもたちをどう変えていくかという、その立ち位置がぐらついているようでは、教科指導なんてできるはずがないんだけど、そのことがどうもなおざりにされていて、だから授業だって空転するし、子どもも面白味を感じない。ここを変えていく必要がある。

佐藤卓生

大谷　かつての附属学校なんかは、毎日のようにそんな議論をしてましたよね。

奈須　そういった文化が学校から失われたというか、それを僕らの世代が若い世代に伝えられているかどうかが問われているんだと思います。これは大きな反省点ですね。

齊藤　そこで大事になってくるのが、ＷＨＹの問い。教科とは何かというＷＨＡＴも大切なんだけど、さらに、なぜその教科を教えるのかを問わないといけない。ところが、最近はどのように教えるかというＨＯＷばかりになっている。

奈須正裕

資質・能力ベイスで思考する

佐藤　教師なら誰しも子どもを見るのが大事だと言うし、実際にも一所懸命に見てるんですが、子どもの真正面に立って子どもを見て、こんなことをしていた、あんなことをしていたっていくら言っても、事実として誰でもが認識できる表面的なことを見ているだけで、それでは子どもを見たことにはならない。そうではなくて、子どもの肩越しに、その子の視線の先に何が映っているのかを見ることが大切だし、教科の授業を創る時の基本なんじゃないかって思うんですね。すると、子どもの見方も、教師が勝手に決めた常識の範囲内で見ていたのでは、大切なものは何も見えてこない。子どもにとってどういう意味がつくられていくのかが学びだと思うから、その子が今、世の中をどのように見ているのかをとらえることなしには、教科の授業は成立しないと思います。

奈須　内容中心の従来の学習指導要領は、まず教科があって、それを束ねたものが教育課程になって、それをどうやって子どもに教えていくかという発想だったでしょう。今回はその順序を逆にして、まず有能な学び手としての子どもがいて、その子どもがどう学び育っていこうとしているかという事実があって、するとそれをより洗練されたものにするにはどんな教育課程が望ましいかが見えてきて、その中に結果的に教科があり、個々のコンテンツがあるという関係として考えているんです。資質・能力ベイスって、そういう話でね。

大谷　そこが難しいというか、なかなかわかってもらえないんですよ。教員はこれまで、このコンテンツを教えれば、子どもはこう育ちますよって言われてやってきた。それが今回は、こういうふうに子どもが学び育っていくと、最終的にはコンテンツも身に付いちゃいますよ、という話なわけで、極端な話、しっかり育ってさえいれば、コンテンツ自体は全部が全部身に付かなくてもいいですよ、ということでしょう。そこまで割り切って考えられるかがポイントなんだけど、どこか怖いんだと思うんですよ。それをどう乗り越えていくかが課題です。

齊藤　理科には物化生地の四領域があって、それぞれの内容はあるけれど、科学としての目のつけどころ、メガネのかけ方と追究のプロセスはそれぞれの学年で横並びになっていて、さらに学年を追って積み重なっているわけで、コンテンツ的には物理と生物なんて全然違って見えるんだけど、本質的にやっていることは結局は同じなんだって言える子にしたい。

大谷　先生も気付いてなかったりしてね。物理と生物は違うから、みたいな。

佐藤　三年生で理科のカリキュラムをつくった時（二一九頁参照）、最終的には、実験に代表される仮説検証的な思考と、観察を積み重ねて帰納的に普遍性を見いだしていく思考、この二つを一年間でどう組み合わせていくのかを子どもたちは議論しました。科学的な見方・考え方って、煮詰めていくとそこに行き着くと子どもは気付いたわけで、それで世の中のことを自在に見られるようになればいいんじゃないですかね。

大谷　そういう見方が広まっていけば、先生方も楽になる。まずはそこを押さえることが大事で、その先はもっと自由にやっていいんだとわかれば、肩肘張らずに授業ができるようになると思うし、子どもはそもそもそういったことをわかっているので、何の問題もなく進んでいけるんだけど、それをどうやって先生たちに伝えていくかが難しいです。

子どもの自覚化を促す

奈須　以前と比べてコンテンツの細かな部分の重要度が低下していることは、各種のテストの質が変わってくることで、まだ少し時間はかかるけど、次第に理解されていくと思います。一番進んでいるのが大学入試で、すでに私立大学の入学者の半数近くは一般入試じゃない。いわゆるＡＯ入試はコンピテンシーを見ているし、大学入学後の成績でも何ら遜色のないことは多くの大学で確認済みで、あとは時間の問題かと。ただ、そうなってくると、今度は大人に忖度し過ぎる子どもの存在が深刻な問題で、学びの構えを変えていくというか、何らかの働きかけをして人間本来のあり方に戻すにはどうすればいいかが課題になってきます。

大谷　本校の合言葉になっているのは「最終的

には、教師がいないところで学び合う姿を求める」、そのために今、教師として何をすべきかを常に考えていようということです。「マイプラン学習」には、自分たちが育んできた子どもの学ぶ力や姿勢がそのまま現れるし、「自学・自習」も、子どもたちだけで進められているからよしではなく、そこにおける学び合いの質が重要で、しかも、それらはすべて日頃の授業の反映なわけです。そういった子どもの姿を自分にフィードバックし、改善を図っていけるか、そこが大切になってくると思います。

佐藤　この点に関して、私にとってのキーワードは言語化です。今現在感じていることやわき上がってくる感情を、丁寧に言語化する活動を積み重ねていく。それでも最初は、先生が求めているものを推し量りながら話そうとするんですが、粘り強く解きほぐしていく。子どもの実感の世界が語られるようになってくるんです。

もう一つ、教師の構えとして大事にしているのは、使役形を使わないこと。子どもに何を「させよう」と考えるんじゃなくて、子どもがこういう方向に向かおうとするために、私は何を「しようかな」と常に考えるようにしているんです。

奈須　言語化できるように教師が支援することで、意識下にあった思考や感情が自覚化されるということは、より自分らしくなっていくということですよね。あるいは、意識することができていた自分に加えて、それとは少し異なる自分も存在することに気付くわけだから、より複雑な自分と対峙しなければいけなくなる。すると、本当のところはどうなんだろうと、自分の内側に向かう誠実な問いが立ち上がってくるし、そこで確認できたことを自分にも他人にも正確に伝えようとしますよね。それはとても大切なことだなあ。

佐藤　教師の仕事としては、この子の奥底にまだ何かがありそうだなと思う部分に対して、こちらから働きかけていくことも大切ですね。

奈須　そうやって働きかけられて、自分が考えていたことが明らかになると、それはとてもうれしいことなので、子どもは真似をして、友達にもお尋ねをするようになるでしょう。

佐藤　すると、ついには子ども同士が協働的に、お互いに乗り入れるようになる。また、そうやって相互に乗り入れるようになると、いっそう個が際立ってくる。

奈須　まさに、個別最適な学びと協働的な学びの往還であり、一体的な充実ですね。

齊藤　子どもが自分を自覚できるというのが大事でね。子どもは有能だし、いいことをたくさん試みているんだけど、そのことを自覚できていないことが多いし、価値や意味が見えていないこともある。今現在、自分は何を考えていて、どういう状況にあるのか。それをしっかりと省察し、自覚できるようにする。そのためにも、教師の適切な問い返しが大切。

佐藤　意識されないまま通過してしまっている大切なところで、いかに的確に立ち止まれるか。その立ち止まりポイントに関する自覚を促していくのも、教師の仕事ですよね。

齊藤　もう一つ大事なのは、そこそこで満足しない子どもにすること。もっと粘る子どもにしたい。そのためにも、普段の授業の質が重要で、「ここまでいい？」「次行くよ」みたいな細切れの授業をしている限り、子どもは育たない。

奈須　当たり前のことだけど、最後は授業の質であり、教師の専門性なんですね。

二〇二一年六月六日収録

インタビュー

未来へとつながるバトン

本書の舞台となった天童中部小の四名の若手の先生方（三年目〜六年目）にお集まりいただき、自分たちが取り組んできた個別最適な学びと協働的な学びについて自由に語ってもらいました。

大内陽菜（五年三組担任）
中村航大（六年二組担任）
沼澤悠奈（四年一組担任）
早川孟宏（五年四組担任）

奈須　実践研究を進めてきた順番に、まずは「自学・自習」からお願いします。

中村　教室の後ろから見ていると、子どもは教師の真似をするから、自分が普段こんなふうに授業をしているんだなあというのがわかって、とても反省させられるし、ここは困ってるなとか、自分たちで進められているなというのもわかるので、それを生かして普段の授業を変えていくと、子どもも真似して変えてくるので面白いし、もっとやってみたいです。

早川　やっていくうちにだんだん型破りなことを始めて、たとえば、一人でしゃべるのが苦手な子のことを考えて、ペアやグループで相談した時なんかには、発言は一人じゃなくてもいいよ、友達と一緒に手を挙げてもいいし、何人かで前に出て話してもいいよといった具合に、自分たちなりにやりやすい方法を探していこうとしていて、なるほどそういう方法もあったんだって気付かされることが多いです。司会と板書の子が、毎回みんなにとって一番いいやり方を一所懸命に考えて工夫してくれるので、勉強になります。

奈須　全員がわかるようにできるようにって考えますよね。先生よりずっとやさしい。

沼澤　先生が前に立つよりは、自分たちで進めている時の方がいきいきしてますね。ここは自分たちでやってごらんと言うと、目を輝かせてやり始めます。前に二年生をもっていた時、子どもたちはどんなふうに進めればいいのかわからないことも随分とあって、上の学年の「自学・自習」をリモートで見せてもらう機会があったんですけど、そういうことが学年間でもっとあると、子どもたちにも参考になるし、学校全体としてもさらに広がっていくんじゃないかって思います。もう少し他の学年の様子を見せてあげたいなって。

奈須　子ども同士で授業参観して、授業研究もしようと【写真1参照】。それはいいかもしれない。

大内陽菜

中村航大

「自学・自習」を今は一年生の五月くらいからやっていますけど、入学してすぐからやったらどうでしょうね。

沼澤　その方がむしろ自由にできるのかもしれないですね。一斉授業を経験して、先生の顔色をうかがったりするようになると、かえって難しい気がします。

大内　今年異動してきたんですが、いろいろ違うことがある中でも「自学・自習」が一番衝撃的でした。こちらの文脈で準備したことに意欲的に取り組ませるのを子ども主体だと思ってい

沼澤悠奈

早川孟宏

写真1　6年生の「自学・自習」を5年生が教室の後方で見学

たんですけど、それは違うんだなあって。自分たちで授業を創っている、自分たちで学んでいるという誇りをもって子どもたちは「自学・自習」をやっていて、子ども主体ってそういうことなんだと思います。でも、普段、まだまだ私は手放しきれてなくて。

奈須　大内先生の授業は、普段でも子ども同士のお尋ねや相互指名で進んでいて、先生は板書に専念し、一時間に何回も出ないですよね。それでも「自学・自習」とは違いますか。

大内　自分の意識としては、私が板書をすると私の授業ですね。

奈須　なるほど、子どもの考えをどうまとめるかというのは、やはり大きいんですね。続いて「マイプラン学習」についてはどうですか。

早川　普段は授業であまり発言などはしない子も、やらざるを得ないから、その子なりにがんばって取り組むんですが、その姿をじっくりと見られる点が、まずいいなあと感じました。場所や姿勢なんかもそれぞれだし、これまでノートをあまり書かなかった子が、自分が気になることだとたくさん書いたりして、自分がしたいことができるのは、本当にいいですね。思いがけない子が思いがけない姿を見せてくれるから、いっぱい写真を撮っちゃいます。

沼澤　事前の準備は大変なんですけど、その分、じっくりと子どもの様子が見られるのがいいです。また、普段は友達に頼ることの多い子も、まずは自力で何とかしようとするようになる。教科書をしっかり見るとか、その子なりに工夫するようになりました。

中村　何をやるかわかっているからだと思うんですが、普段の授業よりも、子どもの準備や取り掛かりが早い。休み時間のうちに場所を移動する子も結構います。タブレット片手に集中している様子を見ると、自分の子どもの頃はなかったな、うらやましいなって思います。

奈須　一人学びが基本なので子どもは鍛えられるけど、しんどい時もありますよね。

沼澤　限界ってなったら、黙って私の隣に来る子もいます。そんな時は「じゃあ、一緒にやる」って言うんですが、それも含めて自分で選択することが大事だと思います。

奈須　その子の勉強の邪魔をしないように、頃合いを見て友達に聞きに行くのが上手な子もいますよね。そこまで含めて学ぶ力なんだと思いますが、そんな練習にもなっている。

早川　逆に、頼んでもないのに教えに行く子もいます。

沼澤　最初に確認しているのは、基本は一人、ということ。でも、どうしてもわからない時は、もちろん友達や先生に聞いてもいい。ただし、その前に教科書とかを自分なりにしっかり見て考えること。あと、友達に聞くってことは、相手の時間を奪うことでもあるんだよって話はしています。聞かれた方も、自分の時間だから「ゴメン、後にして」と断ってもいいことにしていて、そういった判断も含めて、自分で学び進める力なんじゃないかって。

大内　学習する内容もゴールも決まっているけれど、そこまでの行き方は自分で決めていいよっていうのがいいなと思います。普段の授業でも気になる子が、「マイプラン学習」の前半ぼんやりとして、ほとんど進んでいなかったんですが、後半一気にスイッチが入って、すごい集中力で時間内にしっかり終わらせたんですね。スイッチを入れるタイミングすら自分で決められるというのが、この学習なのかなあと思いました。

奈須　この時間でこの学習を何とかするのは各自の責任というのが「マイプラン学習」ですからね。その分、どう進めるかにはあえて大きな自由度を与える。それをどう使うか、さまざまに試してみているわけでしょう。カメさんは立派だけど、ウサギさんでも可というのが個別最適な学び。このあたりは、従来の学校文化とはかなり違うでしょうね。さらに自由度が高い「フリースタイルプロジェクト」についてはどうですか。

早川　子どもたちはどんな発想をするのかなと思ったけれど、意外とシンプルでしたね。先生たちのテーマはどれもスゴイというか、よく思いつくなと。

沼澤　それって経験や知識の違いでしょう。四年生だと九年間とか一〇年間の経験や知識で考えるから。でも、その中で一所懸命に考えて、楽しくやろうとしている。その意味では、五、六年生と一緒にやれることが四年生には大きくて、お兄ちゃんやお姉ちゃんが何をどうしているかをよく見ていて、いろんなことを学んでいますね。

中村　最初はなかなかいいテーマが見つけられなくても、うろちょろしているうちに、最終的に自分が本当にやりたいものが見つけられるといいなって思います。

沼澤　その「うろちょろできる」というのがいいよね。

早川　うまくいかないのも価値ある経験で、それを振り返って次に生かしていく。そこに子どもの成長があると考えるのが「フリースタイルプロジェクト」なんですけど、難しいと思うのは、僕らから見たらうまくいってないんだけど、本人がそのことに気付けない可能性があって、何がうまくいって、何がうまくいかなかったかの分析がなかなかに難しい。

沼澤　実践発表会であせるというか、その時に気付く子がたくさん出るんじゃないかな。

奈須　自立的に学び育つというのは気の長い話

でね。失敗も一時間じゃなくて、二〇時間やって「ああ、失敗だった」と気付くこともあるし、むしろそういう経験の方が子どもを成長させる。さらに「フリースタイルプロジェクト」は三年間で通算六回やるわけでしょう。すると、最初のうちは気が付かない子も、さすがにどこかでは気付く。こういったことも、まさに個別最適に生じるんだけど、だからこそ一人ひとりと丁寧に、また気長に向かい合う必要がある。さて、最後に、子どもたちが自立的に学び進める学習を導入したことで、教師として変わったことはありますか。先生方が前に立つ普段の授業に向かう姿勢とか、教師としてここをがんばっていこうと最近思っていることをうかがえればと思います。

早川　「マイプラン学習」や「フリースタイルプロジェクト」の時間が増えた分、授業に向けての教科の内容研究に使える時間は増えましたね。さらに「自学・自習」もあるから、先生と一緒にやる時は、なおさら面白いと思ってもらえる授業にしないといけないと考えるようになりました。一時間目に子どもが進める学習があって、二時間目にいざ黒板の前に立つ時なんか、以前とは空気感が変わったというか「よっしゃ、やるぞ」と気合が入ります。勉強に身が入らない子がいて「何とか面白い授業にするから教室にいてくれ」と、その子と約束したんです。するとその子が、面白くない時には「つまんない」って言ってくれるんですよ。その子のためにも、一つひとつの授業にいっそう力を入れていこうと思っています。

沼澤　子どものことを長い目で見て、あせらせないということを意識しています。子どもたちが進めると、一時間の予定が二時間、三時間になったりするんですが、まあそうだろうなと。一つひとつ丁寧に、長い目で見て待つことが大事だなあって思います。

中村　この前、子どもたちに「先生の期待に応えようとしてる」って尋ねたら、「こういうことを言ったらわるいんじゃないかと思って、言わなかったことがある」と教えてくれたんです。だから、日常生活から授業までとことん子どもに預けて、すべて子どもたちでできるようにして、教師は責任を負うだけというところまでもっていきたいなって思っています。でも、まだまだ離せていないというか、子どもとの信頼関係だと思うんですけど、理解が足りていない部分があって、そこをがんばらないといけないと考えています。

大内　私は、自分の存在を消すというところをがんばりたいです。そして、子どもの見方をもっと豊かにしていきたい。自分の中にこうあるべきという枠みたいなものがあって、たとえば授業が考えていた方向とはズレた時、以前だとそのズレを否定的にとらえていたんですが、それを楽しむというか、子どもを一人の人間としてとらえる、もちろんすべてを理解するのは無理なんですが、少しでもその子に近づきたいし、いろんな近づき方ができるようになりたいと思っています。

奈須　天童中部小が大切にしてきた「理解」と「覚悟」そのものですね。教師がいなくても、子どもたちだけで学び、育っていけるようにするために、今教師は何をすべきか。このことを引き続き考えていきたいと思います。今日はありがとうございました。

二〇二一年八月三日収録

［著者］

奈須正裕（なす・まさひろ）

上智大学総合人間科学部教育学科教授

神奈川大学助教授、国立教育研究所教育方法研究室長、立教大学教授などを経て2005年より現職。現行の学習指導要領等に関わっては、中央教育審議会初等中等教育分科会教育課程部会、教育課程企画特別部会、総則・評価特別部会、幼児教育部会、中学校部会、生活・総合的な学習の時間ワーキンググループ、小学校におけるカリキュラム・マネジメントの在り方に関する検討会議、小学校段階における論理的思考力や創造性、問題解決能力等の育成とプログラミング教育に関する有識者会議、2020年代に向けた教育の情報化に関する懇談会等の委員として、重要な役割を担う。主著に『「資質・能力」と学びのメカニズム』（東洋館出版社）、『次代の学びを創る知恵とワザ』『「少ない時数で豊かに学ぶ」授業のつくり方』（ともに、ぎょうせい）など。

［実践校］

山形県天童市立天童中部小学校

教師の「理解」と「覚悟」をベースに、4つの授業の型を意図的・計画的に組み合わせ、集団の中で個が育つことを意識した教育活動に取り組んでいる。「子どもがする（学習者主体の）授業」の具現化に向けて研究を推進しながら、「子どもたちが、今も将来も幸せにくらすこと」の実現を目指している。

［寄稿］五十音順

大谷敦司（おおや・あつし）

山形県天童市立天童中部小学校長。県教育庁義務教育課主任指導主事等を経て現職。近年は学習者主体の授業づくりを柱に据えた学校経営・運営のあり方を研究領域としている。文部科学省学習指導要領等の改善に係る検討に必要な専門的作業等協力者（小学校生活）。執筆に『平成29年版小学校新学習指導要領ポイント総整理　生活』（東洋館出版社）など。

齊藤一弥（さいとう・かずや）

島根県立大学人間文化学部教授。横浜市教育委員会指導部指導主事室長等を経て現職。高知県教育委員会事務局学力向上総括専門官・教育課程推進専門官、文部科学省中央教育審議会教育課程部会算数・数学ワーキンググループ委員、学習指導要領等の改善に係る検討に必要な専門的作業等協力者（小学校算数）。著書に『数学的な授業を創る』（東洋館出版社）など。

佐藤卓生（さとう・たくお）

山形市立鈴川小学校教諭、明星大学非常勤講師。「子どもの自己形成」に対する国語教育、カリキュラム論からのアプローチを研究領域に、山形大学附属小学校、山形市立第四小学校等で実践を重ねる。執筆に『教科の本質を見据えたコンピテンシー・ベイスの授業づくりガイドブック』（明治図書出版）、『ポスト・コロナショックの授業づくり』（東洋館出版社）など。

個別最適な学びと
協働的な学び

2021(令和3)年12月25日 初版第1刷発行
2024(令和6)年 8月23日 初版第9刷発行

著者 奈須正裕

発行者 錦織 圭之介

発行所 株式会社 東洋館出版社
〒101-0054 東京都千代田区神田錦町2丁目9番1号
コンフォール安田ビル2階
代 表 TEL 03-6778-4343／FAX 03-5281-8091
営業部 TEL 03-6778-7278／FAX 03-5281-8092
振替 00180-7-96823
URL https://www.toyokan.co.jp

装幀 水戸部 功＋北村陽香

印刷・製本 藤原印刷株式会社

ISBN978-4-491-04726-3／Printed in Japan